Christoph Pfister

Beiträge zur
Freiburger Historiographie
des 18. und 19. Jahrhunderts

Guillimann – Alt – Berchtold – Daguet

Historisch-philologische Werke 6

Cover-Bild:
Freiburg (Fribourg): Blick von der Loretto-Kapelle auf das Burg-Quartiers (Quartier du Bourg) mit der Kathedrale
Infrarot-Aufnahme
Foto: Autor, 1971

Titelbild:
Das Freiburger Wappen-Medaillon, von zwei Löwen gehalten
Sandstein-Relief über dem Haupteingang der Staatskanzlei (*Chancellerie d'Etat*) in Freiburg.
Foto und Bearbeitung: Autor

Die Entstehung der Jahrzahl 1291 (2012) stellt die Fortsetzung der vorliegenden Arbeit dar.

Herstellung und Verlag:
BoD – Books on Demand, Norderstedt
ISBN: 9783748120292

Mottos

Populorum nationumque origines ac gesta decoraque multi memoravere diverso studio & fama inter obnoxios aut ambitiosos.

Viele erinnern sich an die Ursprünge und Heldentaten der Völker und Nationen, aus verschiedenen Beweggründen heraus und hin- und hergerissen zwischen bescheidenen und ruhmsüchtigen Leuten.

Un grand nombre de gens se souviennent des origines de la geste des nations, pour leurs propres motifs, qu'ils soient humbles ou ambitieux.

Franciscus Guillimann: *Habsburgiaca,* Vorwort *(préface)*

L'histoire des origines de Fribourg est encore fort obscure.

Pierre de Zurich : *Les origines de Fribourg et le quartier du Bourg aux XV. et XVI. siècles;* Lausanne etc. 1924
(Mémoires et documents, tome XII), p. 21

Inhalt

Vorwort 2019 7

Jean-Nicolas Berchtold und seine erste Kantonsgeschichte von Freiburg 9

Zur Geschichtsschreibung über Freiburg im Üchtland 9

Biographische Anmerkungen zu Jean-Nicolas Berchtold 10

Politische, historische und moralische Äußerungen Berchtold außerhalb seiner Kantonsgeschichte 12

Die *Histoire du canton de Fribourg* von Berchtold in ihren wichtigsten Zügen 15

Kritik und Würdigung von Berchtolds Kantonsgeschichte 27

Berchtolds Kantonsgeschichte im Lichte der Historiographie 32

Themen aus Berchtold Kantonsgeschichte von Freiburg unter dem Gesichtspunkt der Geschichtsanalyse 35

Alexandre Daguet in seinen kleineren historischen Schriften 38

Alexandre Daguet in der Forschung 38

Daguets historische Publikationen 40

Die Biographie von François Guillimann 41

Die Rezension der Freiburger Kantonsgeschichte von Berchtold 43

Die Schweizergeschichte zum Schulgebrauch 45

Die Betrachtung über die Burgunderkriege 48

Aventicum, seine Ruinen und seine Geschichte 50

Die Winkelried-Frage 53

Die *Histoire de la ville et seigneurie de Fribourg* 55

Daguet zwischen historischer Kritik und geschichtlich fundiertem Patriotismus 57

Die *Histoires des Helvétiens* des Barons François-Nicolas d'Alt 60

Anmerkungen zur Biographie 60

Das Geschichtswerk des Baron d'Alt in seinen allgemeinen Zügen und wichtigsten Einzelheiten 62

Besonderheiten in d'Alts Geschichtsdarstellung 68

Der Baron d'Alt und seine historiographische Beurteilung 72

D'Alt und die fremden Kriegsdienste, damit eine Erklärung der alten Eidgenossenschaft im 18. Jahrhundert 75

Franz Guillimann und seine *De rebus Helvetiorum* 78

Guillimann als Historiograph im Dunkel zwischen Geschichte und Vorgeschichte 77

Guillimanns *De rebus Helvetiorum* und die *Habsburgiaca* in ihren wichtigsten Ausgaben 81

Guillimanns *De rebus Helvetiorum*: die wichtigsten Inhalte und Merkmale 87

Guillimann als Historiograph der Renaissance 90

Guillimann als Übername und seine Beziehung zu den Urkunden 93

Guillimann, Rudella, Molsheim und Techtermann 95

Guillimann und der Baron d'Alt und die angebliche Helvetier-Frage 100

Guillimann, Aventicum und das fiktive Gründungsdatum Freiburgs 1179 102

Bemerkungen zu den Abbildungen 107

Werke des Autors 110

Abbildungen

Abbildung 1: Baron François-Nicolas d'Alt: Porträt in Öl 61

Abbildung 2: Titelblatt von Franz Guillimann: *De rebus Helvetiorum,*
Amiternum 1623 79

Abbildung 3: Der alte Fischmarkt (*Marché aux Poissons*) in Freiburg
(Fribourg) 91

Abbildung 4: Die Brunnenfigur der Treue (*Fontaine de la Fidélité*) in
Freiburg (Fribourg) 106

Abbildung 5: Der Turm der Kathedrale von Freiburg (Fribourg).
Ansicht von Westen. 112

Vorwort 2019

Die Beiträge *zur Freiburger Historiographie des 18. und 19. Jahrhunderts* sind 2008 erschienen. Das Buch war seit längerem vergriffen.

Die vorliegende Neuausgabe erfuhr gewisse Änderungen.

Die historiographische Untersuchung habe ich dabei – außer in Einzelheiten – so belassen. Für mich sind der Forschungsstand und die Erkenntnisse immer noch gültig.

Ausdrücklich möchte ich nochmals dem emeritierten Professor Francis Python danken. - Dieser hat mich auf die beiden freiburgischen Geschichtsschreiber des 19. Jahrhunderts – Berchtold und Daguet – hingewiesen.

Um die historiographische Thematik besser zu fundieren, habe ich aus eigenem Antrieb Betrachtungen über die beiden wichtigsten älteren Chronisten - Guillimann und d'Alt – angefügt.

Francis Python begleitete mit Rat und Tat auch die Abfassung der Folgepublikation *Die Entstehung der Jahrzahl 1291* (1012). Dort steht Alexandre Daguet mit seiner Schweizergeschichte im Mittelpunkt.

Die beiden Werke haben auch meine private Thematik der Geschichts- und Chronologiekritik bereichert. Auf Grund der Detail-Untersuchungen an originalen Büchern konnte ich die Entstehungszeit und den Ablauf der Schriftkultur und der Geschichtskonstruktion besser fassen.

Ich wußte schon damals, daß etablierte historische Kreise wenig Freude an meinen Arbeiten haben werden.

Nach dem ersten Erscheinen meines Buches von 2008 ist in einer Zeitschrift eine unglaublich gehässige Rezension erschienen. – Die Mediävisten, die dogmatischen und orthodoxen Historiker, haben offenbar aufgeheult wie die Kojoten: Sie wollten nicht begreifen, daß es andere und neue Auffassungen über die ältere Geschichte gibt.

Ein paar neuere Arbeiten zur Freiburger Geschichte und Geschichtsschreibung sollen kurz erwähnt werden.

Eben ist eine neue Kantonsgeschichte von Freiburg im Taschenbuchformat in drei Bänden (2018) erschienen. Der dritte Band – das 19. und 20. Jahrhundert – hat Francis Python als Verfasser und ist äußerst lesenswert.

Über meine Themen der freiburgischen Historiographie, also den Baron d'Alt, Guillimann, Berchtold und Daguet sind ein paar Publikationen erschienen. Aber es findet sich nichts darunter, was meine damaligen Erkenntnisse umwälzen könnte.

Vor allem ist ein ursprünglich als Dissertation erschienenes Werk *Katholisch bleiben? Freiburg im Üchtland während der Reformation (1520 – 1550)* (2017) zu erwähnen.

Das Werk über die Freiburger Reformation widmet sich auch ausführlich der Freiburger Historiographie.

In drei Anmerkungen werden auch meine Arbeiten erwähnt. Die Ausführungen über d'Alt seien *äusserst kritisch zu lesen* (213, Anm. 120). - Zu Berchtold hätte ich eine *äusserst kritisch zu lesende Einschätzung* (222, Anm. 161). - Und bei Daguet wird über mich gesagt: *Pfister sollte kritisch gelesen werden* (225, Anm. 180).

Ich fasse diese Erwähnungen als Kompliment auf: Wenigstens gibt es in der Schweiz einen Historiker, der die ältere Geschichte kritisch hinterfragt.

Denn Geschichts- und Chronologiekritik existiert auch heute offiziell nicht. Wahr ist, was geschrieben und gedruckt ist.

2013 ist Aufsatz über den Baron d'Alt erschienen. Dieser befaßt sich hauptsächlich mit seiner Lebensgeschichte und verwertet ausführlich dessen *Hors d'oeuvres*.

Nicolas François d'Alt soll 1770 gestorben sein. Aber seine *Histoire des Helvétiens* können nicht vor den 1780er Jahren entstanden sein. Also fällt die Lebensgeschichte des Barons d'Alt von den Inhalten und Zeitstellungen durch.

2015 hat Alexandre Fontaine einen Vortrag über Alexandre Daguet veröffentlicht. Die historischen Arbeiten des Freiburger Historikers werden gewürdigt. Aber Fontaine sieht in Daguet vor allem einen Pädagogen und Intellektuellen. Die eigentliche Bedeutung des Geschichtsforschers wird ausgeblendet.

Jean-Nicolas Berchtold und seine erste Kantonsgeschichte von Freiburg

Zur Geschichtsschreibung über Freiburg im Üchtland

Zum Jubiläum des angeblichen Gründungsdatums von Freiburg im Üchtland ist 2007 ein Sammelband zur Geschichte der Stadt im 19. und 20. Jahrhundert erschienen[1].

Erinnerungsjahre sind Augenblicke der historischen Besinnung. Dabei werden jedoch häufig wesentliche Elemente vergessen oder vernachlässigt.

Die Geschichte des Kantons wurde zuletzt 1981 in einem zweibändigen und zweisprachigen Sammelwerk dargestellt.

Noch heute maßgebend ist jedoch die 1922 auf Französisch erschienene Freiburger Geschichte von Gaston Castella[2]. – Sie wird auch für die vorliegenden Betrachtungen die Rolle eines Referenzwerkes haben.

Fast vergessen wird darob, daß Freiburg bereits gegen die Mitte des 19. Jahrhunderts eine erste Kantonsgeschichte bekam. Es ist die zwischen 1843 und 1852 in drei Bänden und auf Französisch erschienene *Histoire du Canton de Fribourg* des Arztes und Politikers Jean-Nicolas (Elisabeth) Berchtold (-Beaupré).

Weshalb Berchtolds Geschichtswerk über Freiburg in der Folgezeit kaum beachtet wurde, mag die vorliegende Untersuchung aufzeigen.

Ein grundlegender Aspekt kann in diesem Rahmen nicht behandelt werden, soll, hat aber eine zentrale Bedeutung: die Zweisprachigkeit des Kantons Freiburgs. Die meisten Geschichtswerke über Freiburg, seit dem Baron d'Alt in der zweiten Hälfte des 18. Jahrhunderts sind Französisch abgefaßt. Hat letztere Sprache also ein historiographisches Monopol?

Francis Python hat dem obigen Problem 1993 einen interessanten Aufsatz gewidmet[3].

---

[1] *Fribourg – Freiburg* ; Fribourg 2007
[2] Castella Gaston: *Histoire du Canton de Fribourg*; Fribourg 1922
[3] Python, Francis : *Les histoires du canton de Fribourg aux XIX. et XX. siècles. Miroirs d'un monopole francophone ?* In : *Freiburger Geschichtsblätter*, 70 (1993)87 - 105

Tatsache ist, daß Berchtold auch als Politiker in der Freiburger Geschichte zur Zeit der Herrschaft der Radikalen zwischen 1847 und
1856 nur dürftig erwähnt wird[1].

Und unbegreiflich, daß Berchtolds Freiburger Kantonsgeschichte in
dem Standardwerk von Feller/Bonjour[2] fehlt, während vergleichswei-
se bescheidene Historiker wie Albert Büchi, Hektor Ammann und
Oskar Vassella Erwähnung finden.

Die Betrachtung über Berchtold und seine erste Freiburger Kantonsgeschichte stellen in diesem Sinne eine Wiedergutmachung eines
absichtlich oder unabsichtlich vergessenen historiographischen Werkes dar[3].

Es wird sich auch zeigen, wie Berchtolds Geschichtswerk dennoch in
gewissem Sinne Einfluß ausgeübt hat.

Zudem lassen sich aus einer Wiedergabe der inhaltlichen Haupt-
punkte von Berchtolds Kantonsgeschichte interessante Fragestel-
lungen für eine Diskussion der älteren Geschichte Freiburgs heraus-
kristallisieren.

Biographische Anmerkungen zu Jean-Nicolas Berchtold

Über das Leben von Berchtold ist nicht viel bekannt. Die Biographie
läßt sich nicht wesentlich mehr ausdehnen als die Notizen des neu-
en Historischen Lexikons der Schweiz mitteilen[4].

Immerhin ist 2008 aus der Feder von Alain Bosson ein *Dictionnaire
biographique des médecins fribourgeois* erschienen, welcher die
biographischen Daten von Berchtold und die Quellen übersichtlich
darstellt[5].

Jean-Nicolas Berchtold wurde 1789 in Freiburg im Üchtland als Sohn
von Franz-Xaver Berchtold, einem aus Schwartzenberg bei Bregenz
stammenden Baumeister geboren. - Er starb 1860 in Freiburg.

Nach seiner Schulausbildung in der Stadt Freiburg verbrachte Berchtold Wanderjahre als Hauslehrer im Ausland, offenbar hauptsächlich

---

[1] Die Freiburger Kantonsgeschichte von 1981 nennt Berchtold zwei Mal.
[2] Feller, Richard/Bonjour, Edgar: *Geschichtsschreibung der Schweiz*; Bd.
1.2; 2. Aufl. Basel – Stuttgart 1979
[3] Die Anregung für die vorliegenden Arbeiten verschaffte mir freundlicher-
weise Professor Francis Python, Fribourg.
[4] *Historisches Lexikon der Schweiz;* Bd.2, Basel 2003, 210
[5] Der Autor konnte den Text des Artikels über Berchtold einsehen.

in Deutschland. – 1819 erwarb er im bayerischen Landshut den Titel eines Doktors der Medizin[1]. – 1835 kehrte Berchtold in seine Heimatstadt zurück.

In Freiburg war Berchtold Arzt am Bürgerspital und wurde Mitglied der Scholarenkammer. – Aus seinem historischen Interesse gründete er 1840 die *Société historique du Canton de Fribourg*, die er auch präsidierte.

Berchtolds politisches Engagement führte den liberalen Katholiken zu den Radikalen. Als Deputierter des Grossen Rates wurde er nach dem gescheiterten Putschversuch von 1846 inhaftiert und floh nachher nach Bern.

Nach dem Umsturz durch den Sonderbundskrieg wurde Berchtold Staatskanzler und Mitglied des Grossen Rates. Von 1853 bis 1855 vertrat er Freiburg im Ständerat. 1955 zog sich Berchtold aus der Politik zurück, um noch einige Schriften vorzubereiten.

Zu nennen ist besonders das Buch *Isis ou l'initiation maçonnique*, erschienen 1859. Berchtold vertrat dort sein freimaurerisches Ideal, aus dem er auch in seiner Kantonsgeschichte kein Hehl machte.

Für den vorliegenden Zusammenhang wird seine letzte Schrift, die Beschreibung einer Reise nach Paris und Versailles 1860 bedeutender sein[2].

Die kargen biographischen Angaben lassen sich allenfalls durch Mitteilungen in seinen Publikationen ergänzen.

In der Zeitschrift *Emulation*[3], die zwischen 1841 und 1846, dann von 1852 bis 1856 in Freiburg erschien, finden sich unter anderem von Berchtold *Lettres d'un fribourgeois sur l'Ukraine*[4].

Diese Briefe hat Berchtold später in der *Nouvelle Emulation* wieder aufgenommen. Dort finden sich in verschiedenen Fortsetzungen die *Souvenirs de l'Oukraine*[1].

---

[1] Vergleiche darüber: Maissen, Felici: *Westschweizer Professoren und Studenten an der Universität Ingolstadt – Landshut – München*. In: Zeitschrift für Schweizerische Kirchengeschichte, 80(1986)137

[2] *Voyage à Paris et à Versailles en 1860*, par le Dr Berchtold, Fribourg 1860

[3] Vgl. Uldry, Jean-Maurice: *L'Emulation (1841–1846, 1852–1856)*, Analyse de la première revue culturelle fribourgeoise, Fribourg 2003 (Mémoire de licence). Ferner : Fribourg – Freiburg ; Fribourg 2007, 110

[4] *Emulation* (Fribourg 1842), no. 1, 2, 8, 15

In jenen Erinnerungen sagt Berchtold, daß er fünfzehn Jahre in der Ukraine, genauer gesagt in Podolien gelebt habe[2].

Zwischen Berchtolds Promotion in Landshut in Bayern 1819 und seiner Rückkehr nach Freiburg 1835 aber liegen gute fünfzehn Jahre. Also hat er in dieser Zeit in der Ukraine gelebt.

In jenem osteuropäischen Land lernte Berchtold seine erste Frau Angélique de Beaupré kennen. – Von daher auch Berchtolds Zweitname.

Im Übrigen ist Berchtolds politische Tätigkeit eng mit der Herrschaft der Radikalen in Freiburg verbunden und von dieser nicht zu trennen[3]. – Allerdings scheint der Politiker Berchtold nicht den Horizont der Parteienherrschaft überragt zu haben.

Politische, historische und moralische Äußerungen Berchtolds außerhalb seiner Kantonsgeschichte

Berchtold war nach 1835 zuerst als Arzt tätig. Als solcher verfaßte er unter anderem 1843 seine *Dissertation sur le crétinisme*.

Das politische und davon abgeleitet auch das historische Interesse des medizinischen Autors scheinen jedoch schon damals voll ausgeprägt gewesen zu sein.

In der bereits erwähnten *Nouvelle Emulation* gibt Berchtold in zwei Artikeln Einblicke in sein Denken. Diese zeigen den Autor ebenso als Philosoph und Moralisten wie als Naturwissenschafter und Historiker.

In dem Beitrag *Quelques réflexions sur l'utilité et la tendance des sociétés zoophiles*[4] bietet Berchtold eine optimistische Sicht der gesellschaftlichen Entwicklung. Er sieht große Fortschritte in der allgemeinen Erziehung und in den Naturwissenschaften.

Der Fortschritt werde jedoch behindert durch einen grausamen Egoismus (*cruel egoisme*). Dieser müsse deshalb durch eine philanthropische Moral ergänzt werden.

Berchtolds Vision erhält dabei einen proklamatorischen Charakter:

---

[1] *Nouvelle Emulation*, tome 5 (Fribourg 1856), 97 – 108, 129 - 138
[2] *Nouvelle Emulation* ; op.cit., 97
[3] Vgl. Ruffieux, Roland: *Essai sur le régime radical à Fribourg (1847 – 1856) : idéologie et necéssité ;* Fribourg 1957
[4] *Emulation*, t. 2 (1853), 321 - 335

Nous croyons fermement qu'il est au pouvoir de l'homme et qu'il est dans sa destinée de substituer sur la terre le règne du bien à celui de la misère[1].

Der Folge-Aufsatz ist mit *Egoisme et pitié* betitelt und figuriert unter der Rubrik Philosophie, *morale, organisation sociale*[2].

Hier zeigt sich Berchtold – ungewöhnlich modern – als engagierter Verfechter des Tierschutzes.

Nachdem Berchtold bereits im vorherigen Artikel Hahnen- und Stierkämpfe als grausam verurteilt hatte, weitet der Autor seine Forderungen zu einem umfassenden Schutz der Kreatur aus: Eine allgemeine Gesellschaft für Tierschutz wird gefordert, ebenso gerechte Transportarten und Schlachtungsarten für Tiere. - Alle diese Postulate versieht Berchtold mit der Devise: *Justice et compassion, hygiène et morale*[3].

Die engagierten philosophisch-moralisch-politischen Reflexionen verfaßte Berchtold nach dem Abschluß seiner Kantonsgeschichte. Doch einige dieser Gedanken werden sich in dem großen historiographischen Werk wiederfinden.

Berchtolds letztes schriftstellerisches Elaborat soll vorangestellt werden, weil es ohne die Beschränkung durch den historischen Gegenstand sein politisches Denken und Streben mit aller Deutlichkeit aufzeigt.

Von einer Reise nach Frankreich veröffentlichte Berchtold in seinem Todesjahr die Reiseschilderung *Paris et Versailles en 1860*.

Die Broschüre von 16 Kapiteln mit 66 Seiten gibt vordergründig Reiseerlebnisse wieder. Tatsächlich liefern die Erlebnisse und Beschreibungen den Vorwand und die Grundlage zur Kritik an den damaligen politischen Zuständen Frankreichs unter dem Zweiten Kaiserreich von Napoleon III.

Grundsätzlich bewertet Berchtold die städtebaulichen Veränderungen von Paris in der letzten Zeit positiv. Und er lobt die größere Sicherheit dank einer guten Polizei.

---

[1] *Emulation*, op.cit., 323
[2] *Emulation*, op.cit. t. 3 (1854), 195 - 208
[3] *Emulation*, op.cit., 199 f.

Aber Berchtold entgeht nicht das Vorherrschen des schönen Scheins im Geschäftsleben: *Des appâts trompeurs, une surface irisée comme celle d'une bulle de savon*[1].

Und man spüre, so Berchtold, daß der Cäsarismus der gegenwärtigen Herrschaft die Heiterkeit aus der Öffentlichkeit verdrängt habe: *Tout cela est fané, étiolé, évanoui, sous les émanations épaisses du césarisme*[2].

Die Betrachtung des Schlosses von Versailles ist Berchtold ebenso wichtig wie diejenige von Paris. Und die Aussagen darüber sind denn auch überdeutlich.

Im Palast von Versailles entrüstet sich Berchtold über den zügellosen Militarismus (*militarisme effréné*), der dort in der Kunst präsentiert werde[3].

Aber vor allem sieht Berchtold in dem Bau von Versailles einen der wichtigsten Gründe für die Revolution von 1789:

Le grand roi n'avait pas songé aux petits vassaux, et le jour où fut conçue cette entreprise gigantesque, les quatorze roues de la machine de Marly commencèrent à creuser le gouffre des cinquante millions, qui devaient plus tard provoquer l'explosion des Etats généraux[4].

Als Urheber dieses Prachtbaus sieht Berchtold Ludwig XIV., gegen den er eine Tirade führt:

Ses victoires me révoltent autant que ses autres violences, son orgueil autant que ses débauches, son despotisme autant que sa bigotterie[5].

Die gleichen Invektiven gegen den gleichen Herrscher werden wir auch in der *Histoire du canton de Fribourg* wieder finden.

Als Schweizer Demokrat sind Berchtold alle Gewaltherrscher widerwärtig. Am Schlusse der Broschüre kritisiert er deshalb auch ausführlich Napoleon und seine Stiftung der Ehrenlegion. Dabei hält der Autor, daß es gerade dem Stifter an Ehre mangle. Napoleon nämlich sei *l'usurpateur de la souveraineté nationale, le destructeur de la*

---

[1] *Paris et Versailles*, op.cit., p. 8
[2] *Paris et Versailles*, op.cit., p. 44
[3] *Paris et Versailles*, op.cit., 38 ff.
[4] *Paris et Versailles*, op.cit., 30
[5] *Paris et Versailles*, op.cit., 27

Constitution, le ravageur de l'Europe, l'assassin de plus d'une personne[1].

Man erkennt aus Berchtolds Kritik an den politischen Zuständen Frankreichs, wie sehr seine historischen Unternehmungen von der Gegenwart ausgegangen sind. Das aktualistische Moment war die treibende Kraft von Berchtolds Historiographie.

Die *Histoire du canton de Fribourg* von Berchtold in ihren wichtigsten Zügen

Die paar vorgestellten Äußerungen von Berchtold über politische und historische Themen zeigen den Autor als Liberalen, Demokraten, Philanthropen und sogar als Moralisten. Die Biographie weist auf ähnliche Züge hin.

Man ist nicht erstaunt, diese Ansichten auch in der dreibändigen *Histoire du canton de Fribourg* wieder zu finden, der wir uns nun zuwenden.

Die zeitliche Erstreckung im Erscheinen des Geschichtswerkes – von 1841 über 1845 bis 1852 hat dabei nicht zu wesentlich veränderten Anschauungen geführt. Berchtold erweist sich als ein geradliniger Charakter. Er weicht nicht aus politischem Opportunismus von seinen Überzeugungen ab.

Im Vorwort erklärt er die Absicht des Werkes mit folgenden Worten:

J'ai considéré l'histoire cantonale sous le point de vue démocratique. Il est temps de substituer les intérêts publics aux apothéoses royales, aux adulations princières, aux titulatures nobiliaires et à toutes ces niaiseries aristocratiques dont le bon sens des peuples commence à faire justice[2].

Dabei glaubt der Autor an das Wirken einer Vorsehung auch in der Freiburger Geschichte:

Elle en fit d'abord le berceau de la liberté à l'occident de la Suisse, puis une digue contre les innovations religieuses[3].

Folglich erreicht der Kanton in der Jetztzeit das Ziel seiner Bestimmung:

---

[1] *Paris et Versailles*, op.cit., 66
[2] Berchtold: *Histoire*, préface, XII
[3] Berchtold, op.cit., préface, XIII

Déjà Fribourg sort de son silence et de son immobilité, entraîné par la sphère des intérêts fédéraux et le mouvement des idées européennes[1].

Im Vorwort gibt Berchtold einen Überblick über die Quellen zur Freiburger Geschichte und seine persönliche Wertung. Dabei hält er zum Vornherein fest, daß er die Urkunden und sonstigen amtlichen Dokumente den Chroniken vorziehe *qui toutes se répètent plus ou moins et souvent avec les mêmes termes[2].*

Bei den Geschichtsschreibern macht der Autor jedoch Unterscheidungen.

Guillimann ist für ihn der erste Freiburger Chronist. Ihn verteidigt er gegen Anfeindungen:

Guilliman rayonne d'une pure lumière, tandis que celui de ses critiques est oublié[3].

Berchtold kennt die übrigen Chronisten, die er wie gesagt gering bewertet, und nennt dabei unter anderem Rudella, Gurnel, Techtermann.

Viel Lob erhält dagegen Franz Kuenlin und seinem *Dictionnaire géographique, statistique et historique[4].*

Als Koautor des *Recueil diplomatique* zollt Berchtold auch volle Anerkennung dem Kanoniker Aloys Fontaine[5] mit seiner *Collection diplomatique*, die er *une œuvre incomparable, poursuivie avec une rare patience nennt[6].*

Weitere wichtige Quellen nennt er zwar nicht im Vorwort, zitiert sie aber häufig.

Als wichtigste Vorlage scheint ihm Anton von Tillier mit seiner *Geschichte des Freistaates Bern[7]* gedient zu haben. - Das genannte

---

[1] Berchtold, op.cit., préface, XV
[2] Berchtold, op.cit., XI
[3] Berchtold, op.cit. IX
[4] Kuenlin, Franz : *Dictionnaire géographique, statistique et historique du canton de Fribourg* ; Fribourg 1832
[5] Fontaine : *Collection diplomatique,* 25 Bände (Kantons- und Universitätsbibliothek Freiburg)
[6] Berchtold, op.cit. I, X
[7] Johann Anton von Tiller: *Geschichte des eidgenössischen Freistaates Bern von seinem Ursprunge bis zu seinem Untergange im Jahre 1798,* 6 Bände; Bern 1838 - 1840

Werk ist auch erst kurz vor der *Histoire du canton de Fribourg* erschienen.

Auch das erste gedruckte Werk über die Berner Geschichte, die *Annales* von Michael Stettler[1] werden einige Male zitiert.

Ebenfalls häufig greift Berchtold auf das Werk von Johannes von Müller zurück.

Die archivalischen Quellen, besonders die Urkunden zitiert der Autor mit den Initialen AC, die für *Archives cantonales* stehen.

Berchtold beginnt seine Kantonsgeschichte mit den Helvetiern, gelangt aber schon im zweiten Kapitel des ersten Bandes zur Gründung von Freiburg.

Dabei relativiert der Geschichtsschreiber das Gründungsdatum der Stadt: Ob dies 1160 oder 1179 gewesen sei, hätte wenig Bedeutung:

Une ville ne s'élève pas dans l'espace d'une seule année et l'on peut dater la bâtisse du jour où elle a commencé ou de celui où elle a fini[2].

Das Bild, welches Berchtold von den Anfängen Freiburgs zeichnet, steht ganz in seinem vorgefaßten evolutionären Geschichtsschema:

Dans ces temps de violence et d'esclavage un appel à la liberté devait retentir au loin et être accueilli avec transport[3].

Der Autor schildert bereits das Aussehen der Gründungsstadt. Dabei fällt an mehreren Stellen auf, daß er die Kirche und die Pfarrei Sankt Niklaus für älter als die Stadt oder wenigstens die Reichengasse (*Grand-Rue*) hält.

Die Burgundische Eidgenossenschaft, das Zusammengehen Berns mit Westschweizer Orten wie Payerne, Murten und Freiburg vor der Mitte des 13. Jahrhunderts, wird von Berchtold nicht so genannt, aber die Bündnisse werden erwähnt. Dabei wird hervorgehoben, daß zu jener Zeit noch eine weise Übereinstimmung zwischen Bern und Freiburg geherrscht habe, die später den Leidenschaften zum Opfer gefallen sei[4].

---

[1] Michael Stettler: *Annales oder Grundliche Beschreibung Nüchtländischer Geschichten*; Bern 1626/1628
[2] Berchtold,, op.cit. I, 30
[3] Berchtold, op.cit., I, 33
[4] Berchtold, op.cit. I, 59

Doch die Geschichte jener sagenhaften Zeit scheint von Berchtold nicht vollständig erfaßt worden zu sein. Beispielsweise schildert der Autor die Belagerungen von Bern durch Rudolf von Habsburg 1288/89. – Dort soll Freiburg an der Seite des deutschen Königs teilgenommen haben, aber nachher selbst von diesem belagert worden sein[1]. – Dabei enthüllt Berchtold als Quelle *les chroniques bernoises, au dire les nôtres*[2].

Die Harmonie zwischen Freiburg und Bern sei durch den Laupenkrieg zerstört worden. Als Ursache des Zwistes aber wird eine äußere Ursache, die Politik der Habsburger gesehen:

La politique de l'Autriche nous entraînait toujours à des fausses démarches s'opposait à un solide rapprochement entre Berne et Fribourg[3].

Die Gründung des eidgenössischen Bundes sieht Berchtold im Jahre 1308 und spricht dabei von dem Aufstand der Waldstätte.

Das Bundesereignis faßt der Autor in einer pathetischen Synthese zusammen:

L'Helvétie ... sortant peu à peu de ses ruines séculaires, allait reparaître sur la scène du monde, bien petite encore et sans nom[4].

Die Geschichte des Greyerzerlandes liegt Berchtold besonders am Herzen. Dabei bringt er eine Menge redundanter Informationen über Adelsgeschlechter ohne echten Zusammenhang.

Dem Geschichtsschreiber scheint das bewußt geworden zu sein. Jedenfalls bringt er am Ende des Kapitels eine 11-seitige, fast romantische Schilderung der Landschaft Greyerz. Diese jedoch entlehnt Berchtold einem Werk Briefe über ein schweizerisches Hirtenland, die er aus den *Etrennes fribourgeoises pour l'an 1807* entlehnte[5].

Den Laupenkrieg erzählt Berchtold nach Justinger. Dabei kann er sich nicht den sonderbaren Umstand erklären, weshalb nach der

---

[1] Berchtold, op.cit. I, 77 f.
[2] Berchtold, op.cit. I, 77
[3] Berchtold, op.cit. I, 85
[4] Berchtold, op.cit. I, 94
[5] *Etrennes fribourgeoises pour l'an 1807* (Fribourg 1807, 131 ff.)

Schlacht etliche Städte wie Solothurn, Murten, Payerne, Thun und Biel von der siegreichen Stadt abgefallen seien[1].

In der Mitte des 14. Jahrhunderts konstatiert Berchtold bereits ein Wohlergehen Freiburgs:

La sagesse de notre administration, la tranquillité qui régnait dans toute la banlieue, notre prospérité commerciale toujours croissante et l'accord parfait avec tout notre voisinage[2].

Aber bereits das nächste, die ganze Eidgenossenschaft betreffende Ereignis, der Guglerkrieg, wird vom Autor wenig kohärent erzählt und ins Jahr 1367 gesetzt.

Die Verfassungsgeschichte behandelt Berchtold gleich ausführlich wie die bauliche Entwicklung der Stadt.

Die Handfeste von Freiburg sieht der Verfasser *plutôt un complément de législations antérieures et leur application à la nouvelle colonie*[3].

Merkwürdig mutet dabei an, daß Berchtold die Stadt im 14. Jahrhundert als ein großes Militärlager ansah. Seine Begründung liegt in dem angeblich kriegerischen Charakter der Zeiten: *Dans ces temps de fer, où le cliquetis des armes ne cessait qu'à de rares intervalles*[4].

Obwohl Berchtold die Chroniken hintansetzen will, gibt er doch Justingers Schilderung des angeblich fruchtbaren und klimatisch überaus milden Jahres 1420 wieder.

Und die Tuchindustrie soll um diese Zeit in voller Blüte gestanden haben. Allein im Burg-Quartier habe es 95 Tuchhandlungen gegeben.

Freiburg soll in den großen Auseinandersetzungen des Toggenburger Erbschaftskrieges und des Einfalls der Armagnaken teilnahmslos geblieben sein.

Dabei entwickelten sich für die Stadt an der Saane zwei bedeutende Feinde, nämlich Bern und Savoyen. Und merkwürdigerweise soll ein Wilhelm von Avenches an der Spitze dieser Bedrohung gestanden haben.

---

[1] Berchtold, op.cit. I, 124
[2] Berchtold, op.cit. I, 155
[3] Berchtold, op.cit. I, 43
[4] Berchtold, op.cit. I, 219

Die Burgunderkriege sieht Berchtold als gerechten Krieg, als Vertei-
digungskampf der Eidgenossen und antwortet dabei mit Vehemenz
auf die kurz zuvor durch den Baron Frédéric de Gingins-La Sarraz
geäußerte gegenteilige Meinung:

*La Suisse a été provoquée, menacée, vexée par un monarque voisin
qui en convoitait la conquête. Les Suisses le prévinrent: ils firent une
guerre juste, non point dans un but d'agrandissement, mais de
conservation. Jusqu'ici personne ne s'était avisé d'en douter*[1].

Von dem Massaker der Freiburger in Estavayer-le-Lac wird später
gesprochen werden.

Die Schlacht von Murten wird ausführlich geschildert. Dabei zitiert
Berchtold auch die *Helvetische Militärzeitung* von 1836[2].

Das Stanser Verkommnis brachte für Freiburg die Aufnahme in den
Bund der Eidgenossen.

Berchtold beurteilt dieses Ereignis kritisch, denn die Schwurgenossenschaft hätte damals ihre große Zeit bereits überschritten. Und die
negativen Folgen dieser Übereinkunft wurden für ihn deutlich:

*Ce compromis appelé le Convenant de Stanz, jeta dans la Confédé-
ration les premières bases de l'aristocratie, ouvrit la carrière aux am-
bitions et posa des limites au développement de la liberté*[3].

Zu Beginn des zweiten Bandes seiner *Histoire du canton de Fribourg*
bietet Berchtold wiederum eine Synthese der Geschichte von den
Anfängen bis und mit der Reformation:

Die ersten drei Jahrhunderte Freiburgs sind anzusehen als: *son age
de minorité*.

---

[1] Berchtold, op.cit. I, 405 f. (unter: *pièces justificatives*). Vgl. Über die Auseinandersetzung um die Thesen des Barons von Gingins-La Sarraz: Ruffieux,
Roland: *La révision de l'histoire des guerres de Bourgogne en Suisse Romande au milieu du XIXe siècle*, in : Publication du Centre Européen
d'Etudes Burgondo-Médianes, Genève 1968, 55 - 69
[2] Berchtold, op.cit. I, 383
[3] Berchtold, op.cit. I, 403

Parvenu à son adolescence, il fit l'essai de ses forces, brisa ses chaines, renvoya ses tuteurs et se jeta dans la carrière avec toute l'ardeur d'une bouillante jeunesse.

Nach der Reformation:

Fribourg hisse le pavillon de la foi et se transforme en citadelle imprenable, contre laquelle expirent les flots orageux. « Religion et liberté », telle est sa devise : « l'épée » et « la croix », tel est son symbole.

Cependant le Patriciat règne. Sa formation est toute mystérieuse ; mais son but évident est de fonder un système de privilège sur les ruines des institutions démocratiques.

Aber auf der ganzen Geschichte liege eine Art Verwesungsgeruch (*odeur sépulcrale*):

Le spectre de la mort domine toutes les figures, et un nuage de lugubre poésie plane constamment sur les agitations de la vie.

Trotzdem sei in der Geschichte der Gang der großen Ideen (*la marche des grandes idées*) sichtbar[1].

Gleich nachher erlaubt sich Berchtold einen aktuellen Hinweis, gekoppelt mit einer Synthese der Freiburger Geschichte. Er hält dafür, daß das Jahr 1845 wohl schwierig sein werde. Und gleichzeitig nennt er die Demokratie und den Katholizismus als die Grundlagen der Stadt[2].

Berchtold möchte sich zwar nicht zu theologischen Fragen äußern. Gleichzeitig bekräftigt er seinen Glauben an die Schrift, die Tradition, das Urchristentum und die Autorität des Papstes.

Die Standpunktbestimmung gibt dem Autor wiederum Gelegenheit, seine Feindseligkeit gegen die fremden Kriegsdienste, *cette plaie invétérée de la Suisse*[3], und gegen das Patriziat, *un système de privilège sur les ruines des institutions démocratiques*[4] zu erklären.

---

[1] Berchtold, op.cit. II, préface, V ff.
[2] Berchtold, op.cit. II, préface, VIII
[3] Berchtold, op.cit. II, préface, X
[4] Berchtold, op.cit. II, préface, VI f.

Berchtold betont dabei, daß er in diesen Punkten eine andere Meinung als Tillier vertrete. Trotzdem halte er das Werk jenes Patriziers und Protestanten für klassisch[1].

Von den grundsätzlichen Erklärungen der Vorrede zum zweiten Band wird Berchtold zu den Niederungen der Geschichtsdarstellung zurückgerufen. Er schildert das Ende des 15. und den Beginn des 16. Jahrhunderts.

Berchtolds Ausführungen über den Niedergang der Freiburger Tuchindustrie und über die Affäre François Arsent sollen später behandelt werden.

Mit der Vorgeschichte der Reformation treten wieder einige grundsätzliche Probleme der älteren Vergangenheit hervor.

Berchtold schildert Freiburg am Anfang des 16. Jahrhunderts als eine Art geistige Ödnis. In ihr habe es *ni collège, ni séminaire* gegeben. – *Les livres étaient rares, les sciences peu cultivées, les belles-lettres négligées, à peu d'exceptions près*[2].

War dies vielleicht der Grund, weshalb der Stand Freiburg die Reformation ablehnte? – Auffällig ist jedenfalls, wie nüchtern und kurz Berchtold diesen doch ungemein wichtigen Epochenwandel abhandelt.

Über die Reformation bringt Berchtold nämlich nur zwei, doch recht merkwürdige Ereignisse.

Zum ersten habe es in Freiburg einen Buchdrucker namens Ypocras (!) gegeben, der es bis zum Verbot und zur Bestrafung wagte, lutherische Schriften zu drucken und zu verkaufen. – Und 1525 habe die Stadt 1500 (!) Mann aufgeboten, um gegen die Lutheraner in Deutschland zu kämpfen.

Etwas ausführlicher wird Berchtold erst wieder bei der politischen Geschichte: Freiburg kaufte Greyerz für eine hohe Summe. – Und gemäß dem Vertrag von Saint-Julien beteiligte sich die Stadt an Berns Eroberung der Waadt.

Das Konzil von Trient, damit der Beginn der Gegenreformation, wird nur kurz gestreift.

---

[1] Berchtold, op.cit. II, préface, XI f.
[2] Berchtold, op.cit. II, 154

Viel interessanter scheint es für Berchtold, bei der Schilderung der Politik gegenüber Frankreich und Savoyen wiederum das Übel der fremden Kriegsdienste und des Söldnerwesens anzuprangern:

On voit qu'un Etat libre et souverain se mettait ainsi ignominieuse-ment à la solde d'un monarque étranger, ...tout en flétrissant ces transactions ignobles et désastreuses[1].

Im Übrigen ist im zweiten Band von Berchtolds Freiburger Geschichte eine verstärkte annalistische Tendenz festzustellen. Aber die meisten Geschehnisse, die berichtet werden, sind geringfügig oder im größeren Kontext sogar unbekannt:

Ein schauerliches Komplott (*complot affreux*) von sechs Leuten im Jahre 1606 gegen die Städte Freiburg, Biel und Solothurn – aber auch gegen Greyerz – läßt sich wohl nur durch eine besondere Analyse in seinem verborgenen Sinn enträtseln.

Ebenfalls nicht einsichtig wird die ausführliche Schilderung der Vorfälle in Echallens zwischen Protestanten und Katholiken im Jahre 1619, obwohl diese Auseinandersetzung beinahe zum Krieg zwischen Bern und Freiburg geführt habe.

Ausführlich – und persönlich - wird Berchtold aber wieder bei der Schilderung der Verfassungsgeschichte Freiburgs.

Dabei gesteht der Autor ein, daß die Quellenlage eine Darstellung der konstitutionellen Entwicklung sehr erschwere:

Nous voici au centre du labyrinthe constitutionnel, au milieu de ses ambages les plus sinueuses, ...[2].

Berchtold schildert die Genese des Rates der Zweihundert, der Sechzig, des Kleinen Rates bis hin zur Geheimen Kammer, also der eigentlichen Regierung Freiburgs der Neuzeit bis 1798.

Die Geheime Kammer hätte nach dem Autor zuerst die mittelalterliche Demokratie retten sollen. *Mais par une étrange fatalité, les mesures qui devaient sauver la démocratie servirent à la perdre*[3].

Als Folgen sieht Berchtold eine Zweiklassengesellschaft (*une race de conquérants au milieu d'un peuple vaincu*). Und dieses patrizische System des Ausschlusses und der Unterdrückung (*un odieux*

---

[1] Berchtold, op.cit. II, 250 f.
[2] Berchtold, op.cit. II, 351
[3] Berchtold, op.cit. II, 357

24

système d'exclusion et d'étouffement) habe desaströse Folgen gehabt: Fanatismus, Leichtgläubigkeit, Aberglauben, Verbrecher, Besessene und Hexen (!) hätten zugenommen, Folter und Hinrichtungen seien an der Tagesordnung gewesen, ebenso wie Verbrennungen auf dem Scheiterhaufen[1].

Eine weitere demoralisierende Folge der Oligarchie sei das Streben nach Titeln und militärischem Ruhm bei gleichzeitiger Geringschätzung der Arbeit gewesen.

Dabei gesteht Berchtold ein, daß die Nachbarrepublik Bern eine ähnliche Verfassungsentwicklung gemacht habe, ebenso wie die italienischen Republiken mit Venedig an vorderster Stelle.

Doch der Geschichtsschreiber räsoniert gegen den Schluß des Bandes auch über die möglichen guten Seiten des Patriziats: Dieses sei vielleicht unausweichlich geworden, habe zu einer Regierung der Fähigen geführt. Und vor allem sei es standhaft gegenüber dem Ultramontanismus geblieben[2].

Schon im 17. Jahrhundert hätte es Aufstandsversuche gegen die Oligarchie gegeben. Nicolas Chenaux wird bereits erwähnt. Und schon wird gesagt, was der Aristokratie zum Verhängnis gereichte: Es sei *l'ivresse du succès, la joie du triomphe* und *l'orgie du pouvoir*[3] gewesen.

Der dritte und letzte Band von Berchtolds Kantonsgeschichte von Freiburg beginnt ohne Vorrede etwa um die Mitte des 17. Jahrhunderts und endet mit der Mediation von 1803. – Doch auch hier kommen Vorgriffe auf die Zeit des Autors vor und parallel dazu Rückblicke auf vergangene Zeiten.

Dem Schweizerischen Bauernkrieg von 1653 widmet Berchtold seine besondere Aufmerksamkeit. Seine Begründung ist dabei, daß die Ereignisse meistens vom Gesichtspunkt des Siegers und nicht nach dem der Demokratie beschrieben worden seien[4].

Der Bauernkrieg endete mit einer Niederlage der Bauern. Daran schließt Berchtold gleich seine Folgerungen vom Standpunkt der Schweizer Geschichte und auch der allgemeinen Geschichte an:

---

[1] Berchtold, op.cit. II, 373 ff.
[2] Berchtold, op.cit. II, 381
[3] Berchtold, op.cit. II, 386
[4] Berchtold, op.cit. III, 34

Die Erhebung der Waldstätte sei der einzige geglückte Volksauf-stand gewesen. Dieser habe zur Befreiung des dortigen Bauern-standes geführt. – Als mißglückte ausländische Volkserhebungen nennt der Autor Spartakus, die Bagauden und die Jacquerie.

Aber auch beim Bauernkrieg wird mehr dem Patriziat, diesem *déspo-tisme indigène* die Schuld gegeben und dem fremden Kriegsdienst, denn dieser *introduisit insensiblement dans ces petites républiques l'élément aristocratique, qui finit par y occuper la place de l'Autriche*[1].

So fest wie Berchtold sich gegen die einheimische Oligarchie wen-det, so unerbittlich ist sein Hass auf Tyrannen.

1668 besetzte Frankreich die Freigrafschaft. Das ist für den Autor die Gelegenheit für eine Invektive gegen Ludwig XIV.:

Un fléau d'un autre genre vint menacer la Suisse. Le despote qui gouvernait alors la France, et qu'une stupide adulation a seule pu nommer Louis-le-Grand, n'ayant pour lui que le droit de la force bru-tale, ...[2]

In seiner Broschüre *Paris et Versailles en 1860* sind ähnliche Ausfäl-le gegen den französischen Monarchen erwähnt worden.

Berchtold verläßt *ce malheureux 17ème siècle*[3], nicht ohne vorher ei-nen Vergleich mit den Ereignissen seiner Gegenwart zu ziehen: Der Mißerfolg der Freischarenzüge, die Unterdrückung der Liberalen in Freiburg und der Sonderbund seien vergleichbar mit dem religiösen Fanatismus jenes genannten Jahrhunderts[4].

Unter den verschiedenen Vorkommnissen des 18. Jahrhunderts er-wähnt Berchtold schon gegen die Jahrhundertmitte die Gründung ei-ner Freimaurerloge in Freiburg[5].

Fast kontrapunktisch dazu verurteilt er die Jesuiten in der Stadt. Die-se hätten Freiburg wie eine Festung in Beschlag genommen und die Bevölkerung in ihrem Innersten verheert. – Und überhaupt: *Les*

---

[1] Berchtold, op.cit. III, 32 f.
[2] Berchtold, op.cit. III, 71
[3] Berchtold, op.cit. III, 88 f.
[4] Berchtold, op.cit. III, 96
[5] Vergleiche zu diesem Themenkreis: *La franc-maçonnerie à Fribourg et en Suisse du 18ème au 20ème siècle*; Genève – Fribourg 2001

jésuites changèrent la religion en fétichisme, la dévotion en bigoterie et la morale en hypocrisie[1].

Attacken gegen die fremden Kriegsdienste fehlen auch im dritten Band von Berchtolds Kantonsgeschichte nicht. Hier gibt er – wiederum in einem aktuellen Vorgriff – eine flammende Rede wieder, welche der Staatsrat Uffleger 1816 gegen die Wiederaufnahme der alten Reisläuferei gehalten hat.

Doch Berchtold resigniert: Das Plädoyer *ne fit aucune impression sur les Fribourgeois abâtardis, avides de pensions et de titres*[2].

Damit gelangt der Autor auch bald zu dem bekanntesten Vorfall der älteren Freiburger Geschichte, den Unruhen um Nicolas Chenaux von 1781 und seinen Folgewirkungen.

Man ist nicht erstaunt, daß Berchtold dieser Affäre ein Kapitel von 56 Seiten widmet[3]. – Und ebenfalls fehlt nicht eine aktuelle Einleitung: Der Geschichtsschreiber zitiert ein Dekret der radikalen Freiburger Regierung vom 4. Juli 1848, welches Chenaux und seine Anhänger rehabilitiert[4].

Berchtold gewinnt seine grundsätzliche Charakteristik des Handels um Nicolas Chenaux wieder aus einem Vergleich zwischen 1781 und 1847: Beide Male sei der Jesuitismus die treibende Kraft gewesen, und beide Male habe sich das Land gegen die Stadt erhoben.

Der Ausgang der Unruhen war nach ihm nicht weiter verwunderlich: Freiburg sei *un peuple corrompu par l'ultramontanisme*[5] gewesen.

Trost nach dieser traurigen Episode um Chenaux war nach Berchtold, daß der Adel und das Patriziat noch vor dem Ende des Jahrhunderts untergingen.

Als freisinniger Demokrat sieht Berchtold die Revolution von 1798 und den Einmarsch der Franzosen in die Eidgenossenschaft grundsätzlich positiv: *L'intervention française fut un bienfait pour la Suisse*[6].

---

[1] Berchtold, op.cit. III, 181
[2] Berchtold, op.cit. III, 212
[3] Berchtold, op.cit. III, 276 - 332
[4] Berchtold, op.cit. III, 276
[5] Berchtold, op.cit. III, 277
[6] Berchtold, op.cit. III, 377 f.

Die Vorgänge in Freiburg werden – wohl aus Liebe zur engeren Heimat - zurückhaltend behandelt. Aber Bern, *ce vieillard débile et décrépit*[1], habe seinen Untergang voll verdient.

Die Gründe für die Aufstände in den Waldstätten gegen die französische Besatzung, aber auch das Scheitern der Helvetik, sieht Berchtold deshalb vor allem in der Agitation der Reaktionäre.

Und in Freiburg erkennt der Autor das Fehlen von Gebildeten aus dem Volk als Hauptgrund, daß der revolutionäre Neubeginn verloren ging.

So positiv Berchtold die Helvetische Republik sieht, so ungünstig beurteilt er die Mediation von 1803 – mit welchem Ereignis er seine Kantonsgeschichte von Freiburg beendet. Mit jener durch den Despoten Napoleon durchgesetzten Vermittlung habe die Schweiz ihre tiefste Erniedrigung erreicht:

Cette honte, jamais la Suisse ne l'effacera de ses annales, et l'abaissement de toute l'Europe contemporaine ne saurait lui servir d'excuse[2].

Doch immerhin anerkennt der Autor die militärischen und administrativen Fähigkeiten von Napoleon.

Kritik und Würdigung von Berchtolds Kantonsgeschichte

Berchtolds Werk hat keine eindeutigen Vorläufer. Er nutzt die älteren Geschichtsschreiber wie den Baron d'Alt und die bereits erwähnte Geschichte Berns von Anton von Tillier.

Nur mit einer einzigen Abhandlung hat Berchtold nach dem Abschluß seiner Kantongeschichte noch einen Beitrag dazu geliefert. 1856 veröffentlichte er *Fribourg et Genève ou précis des relations de ces deux états jusqu'à la rupture de leur alliance*[3].

Darin schildert er im Detail die Verbindungen, welche beide Städte zu Beginn des 16. Jahrhunderts gehabt und zu den Bündnissen von 1519 und 1526 geführt hätten.

In der Abhandlung sieht er die Ähnlichkeiten zwischen den tragischen Figuren von François Arsent in Freiburg und Philibert Berthe-

---

[1] Berchtold, op.cit. III, 345
[2] Berchtold, op.cit. III, 442
[3] *Fribourg et Genève* ... Par le Dr Berchtold. In : *Archives et mémoire de la société d'histoire du canton de Fribourg* ; Fribourg 1856

lier in Genf. Letzteren hält er für einen Kämpfer gegen die Mißbräuche der bischöflichen und herzoglichen Gewalt, der später auch Vorkämpfer der Reformation gezeugt habe.

Die Abhandlung *Fribourg et Genève* überragt in ihrer analytischen Tiefe das eben beendete Geschichtswerk des Autors.

Die Schwächen in Berchtolds Geschichte sind leicht herauszufinden. Die Kantonsgeschichte von Freiburg stellt politische Geschichtsschreibung dar. Berchtold zweifelt nicht, daß sich die politische Entwicklung der Vergangenheit als Weg vom Feudalismus, Aberglauben und Despotie zur liberalen demokratischen Gesellschaft beschreiben lasse.

Deshalb finden sich auch häufig Verbindungen zwischen vergangenen Ereignissen mit politischen Geschehnissen seiner Gegenwart, besonders dem Sonderbund und der Gründung des schweizerischen Bundesstaates.

Berchtold ist ein früher Vertreter der sogenannten kritischen Schule in der Schweizer Historiographie seit Beginn des zweiten Drittels des 19. Jahrhunderts. Diese Richtung wollte nicht mehr nur Geschichte erzählen, sondern sie kritisch hinterfragen. Dazu gehörte ein Abgleich der Erzählungen mit archivalischen Quellen, den Urkunden und sonstigen amtlichen Dokumenten.

Berchtold arbeitete zusammen mit Romain Werro am *Recueil diplomatique du canton de Fribourg*[1] mit. – Durch die Arbeit an den Quellen scheint der Autor als Mediziner auch den Weg zur Geschichte gefunden zu haben.

Die dreibändige Kantonsgeschichte von Berchtold ist reich versehen mit Anmerkungen und Verweisen auf archivalische Quellen. Auch im Text und im Anhang sind viele Dokumente aufgeführt.

Berchtold hat die Quellenfülle jedoch nicht wirklich zu einer geformten Darstellung verarbeitet. Auf weite Strecken liest sich sein Werk als eine inkohärente Aneinanderfügung von Dokumenten. Oft ist es für den Leser schwer, zwischen eigener Darstellung und Wiedergabe von Akten zu unterscheiden.

Berchtold scheint dies manchmal selbst gespürt zu haben. Aus diesem Beweggrund zum Beispiel ist wohl die erwähnte romantische

---

[1] *Recueil diplomatique du canton de Fribourg*, 8 vol., Fribourg 1839 - 1877

Schilderung des Greyerzerlandes entstanden, als Abschluß einer eher langweiligen Darstellung historischer Grundlagen jenes Gebiets[1].

Die Überfülle an Details stört besonders bei der mittelalterlichen Geschichte von Freiburg. – Wenn erzählt wird, daß der Pfarrer von Marly zwei Lampen für die Johanniter-Komturei in Freiburg gestiftet habe, eine vor dem Gebäude und eine im Schlafraum[2], so fragt man nach dem Sinn im größeren Zusammenhang.

Die Geschichte wird von Berchtold dabei nicht immer schlüssig erzählt, wie schon bei den Ereignissen des Guglerkrieges erwähnt wurde.

Berchtold beschreibt ausführlich und an vielen Stellen die bauliche Entwicklung von Freiburg. Trotzdem hat der Leser den Eindruck einer fehlenden zeitlichen Dimension in den Schilderungen. Es macht den Anschein, als ob Freiburg bald nach seiner Gründung so ausgesehen hat, wie es der Plan Martini überliefert.

Bei der Baugeschichte Freiburgs erkennt man eine Quelle, die Berchtold benutzt, aber nicht nennt, nämlich die Chronik von Rudella.

Berchtold glaubt an die ältere Geschichte des Mittelalters und der frühen Neuzeit. Nirgends wird diese in ihren Inhalten und Zeitstellungen hinterfragt.

Aus diesem Geschichtsglauben heraus fallen dem Autor auch die offenkundigsten Absurditäten nicht auf. Berchtold konstatiert zwar die Merkwürdigkeiten, ohne sie zu hinterfragen.

Beispielsweise stellt Berchtold fest, daß die hiesigen Archive nach einem Zwischenfall und der Hinrichtung eines Juden diese Glaubensgemeinschaft ab 1428 nicht mehr erwähnten. – Doch finde man die Juden dann wieder in den Akten der Jahre 1466 und 1471[3].

Besonders kraß mutet die Geschichte von dem Massaker in Estavayer-le-Lac an.

1475 eroberten die Freiburger gemeinsam mit den Bernern die Waadt. Dabei seien bei der Einnahme von Estavayer 1000 Menschen – fast die gesamte Bürgerschaft – niedergemetzelt worden.

---

[1] Berchtold, op.cit. I, 102 - 113
[2] Berchtold, op.cit. I, 55
[3] Berchtold, op.cit. I, 247

Nur etwa zwei Dutzend Eingeschlossene hätten sich über den See nach Grandson retten können.

Tillier ergänzt in seiner Geschichte, daß die Freiburger bei der Einnahme und Plünderung von Estavayer besonders an den Tüchern interessiert gewesen seien. Sie wollten das Gewerbe ganz nach Freiburg bringen![1]

Berchtold bedauert den Vorfall: *Ce désastre d'une ville naguère si florissante dans nos contrées*[2]. Aber Zweifel an der Absurdität eines solchen Massakers kommen ihm nicht. – Dabei stellt der Autor fest, daß die angeblich gemordeten Notabeln von Estavayer nachher weiterhin in den Akten der Archive figurieren.

Bei der Überfülle an Einzelheiten entgehen Berchtold die kapitalen Ereignisse. – Es wurde darauf hingewiesen, wie kurz der Autor die Reformation in Freiburg behandelt und diese nur mit absurden und sogar lächerlichen Geschehnissen zu füllen weiß.

Es scheint überhaupt keine großen Ereignisse in der Geschichte von Freiburg vor 1798 gegeben zu haben. Das dreibändige Werk nennt im Grunde nur den Chenaux-Handel von 1781 als kapitales Moment der Vergangenheit. Diese Unruhen nehmen etwa einen Zwanzigstel der gesamten Darstellung ein. Wenn man die darin wiedergegebenen Dokumente abzieht, so macht die Geschichte von Nicolas Chenaux sogar einen Zehntel des Werkes aus!

Besonders das 18. Jahrhundert erweist sich in der historischen Wiedergabe noch keineswegs als so sicher, wie man meinen könnte. Bei Berchtolds Darstellung spürt man dies. Es gibt häufige Wechsel zwischen dem 16. bis 19. Jahrhundert.

Widersprüche in der Darstellung Berchtolds finden sich an vielen Stellen.

Erwähnt wurde, daß Freiburg in den Jahrzehnten vor der Reformation eine geistige Ödnis gewesen sei. Dazu kam der Verlust von wirtschaftlicher Substanz durch den angeblichen Niedergang der Freiburger Tuchindustrie im ausgehenden 15. Jahrhundert.

---

[1] Tillier, *Geschichte des eidgenössischen Freistaates Bern*; II, 254 f.
[2] Berchtold, op.cit. I, 374

Gleichzeitig aber soll zu Beginn des 16. Jahrhunderts die frühere Stadt aus Holz zu einer Stadt aus Stein geworden sein[1].

Die Detailtreue von Berchtold und seine mangelnde Verarbeitung in das erzählende Geschichtswerk stellen aus moderner Sicht auch einen Gewinn dar. Der Autor vermeldet Ereignisse, die in späteren Darstellungen fehlen. Oder spätere Historiker verniedlichen gewisse Merkwürdigkeiten in Form einer geglätteten rhetorischen Überhöhung.

Gaston Castella zum Beispiel versteckt die Ungeheuerlichkeit eines freiburgischen Massakers an der Bürgerschaft von Estavayer indem er die Vorfälle in einem einzigen Satz zusammenfaßt:

La prise d'Estavayer fut marquée par le pillage, le massacre et l'incendie[2].

Besonders grotesk mutet eine Geschichte von 1447 an:

Damals hatte Freiburg eine Auseinandersetzung mit Savoyen. Auch Bern gesellte sich schließlich zu den Feinden der Stadt. Im Januar 1447 verschickte ein Jean de Neuchâtel, Seigneur de Vaumarcus, eine Absage an Freiburg. Diese enthielt 29 Unterschriften, unter anderem von einem Conrad de Luxembourg[3].

In dieser Kriegserklärung findet sich auch die Unterschrift von Alexander dem Grossen!

Der Name *Alexandre-le-Grand* ist bei Berchtold zwar gesperrt gedruckt, doch fehlt ein Kommentar. Und auch Fontaine, auf welche Quelle der Autor hinweist, kommentiert diesen absurden Sachverhalt nicht[4].

Nur die Geschichtsanalyse kann die Absurditäten in der älteren Geschichte klären:

Alexander der Grosse stellt eine absolute Parallelität zu Karl dem Kühnen dar. 1447 waren dreißig Jahre vor dem Ende des Letzteren. Die Kriegserklärung des Grafen von Neuenburg will also sagen, daß sich für Freiburg die Burgunderkriege andeuteten.

---

[1] Berchtold, op.cit. II, 44: *L'aspect matériel de la cité changeait aussi, et les rue de bois faisaient place insensiblement aux rues de pierre.*
[2] Gaston Castella: *Histoire du canton de Fribourg*, Fribourg 1922, 124
[3] Berchtold, op.cit, I, 293
[4] Fontaine: *Collection diplomatique*, IV, 387 f. (Kantons- und Universitätsbibliothek Freiburg)

Berchtolds Kantonsgeschichte im Lichte der Historiographie

Bereits gesagt wurde, daß Berchtolds *Histoire du canton de Fribourg* keine großen Wellen aufgeworfen hat. Die spärlichen Besprechungen und der geringe Widerhall waren sicher mitverantwortlich, daß im 20. Jahrhundert der Autor und dessen Werk in dem historiographischen Werk von Richard Feller und Edgar Bonjour vergessen wurden.

Bemerkungen zu Berchtolds Kantonsgeschichte werden von Romain Werro und Louis Chollet überliefert – sind aber nicht mehr greifbar.

Ebenfalls verschollen ist eine offenbar ausführlichere Antwort von Uffleger, die dieser 1842 in seinem selbst gewählten Exil in Konstanz schrieb und offenbar Manuskript geblieben ist: *Freyburg wie es war und nicht war.*

Aus seiner konservativen Grundhaltung heraus widersprach Uffleger in dieser Denkschrift der Meinung Berchtolds, wonach das Patriziat die Regierung von Freiburg usurpiert habe[1].

Eine zeitgenössische Besprechung von Berchtolds Geschichte des Kantons Freiburg hat sich erhalten und verdient eine besondere Würdigung.

Als Mitglied der eben gegründeten *Société d'histoire du canton de Fribourg*, befaßte sich der junge Alexandre Daguet ausführlich mit Berchtolds Werk über Freiburg.

In der Zeitschrift *L'Emulation* von 1844 bringt Daguet eine ausführliche Besprechung von Band I der Kantonsgeschichte von Berchtold[2].

Die Besprechung ist ausschließlich referierend und enthält fast keine eigenen Gedanken. Daguet attestiert dem Verfasser der Kantonsgeschichte eine gewisse Erzählkunst: *La narration est toujours vive, forte, simple, souvent brillante*[3].

Daguets einziger Einwand betrifft die sogenannte Murtenlinde. Auf den Nachweis Berchtolds, daß die berühmte Linde vor dem Rathaus in Freiburg nichts mit der Schlacht von Murten zu tun habe, antwortet

---

[1] Gremaud, André: *La députation fribourgeoise aux chambres fédérales 1848 – 1920*; Fribourg 1960 ; 97 (mémoire de licence)
[2] *L'Emulation*, III (1844), no. 12, 89/90, 108 – 110, 123/124, 140/141, 145 - 147
[3] *L'Emulation*, III, 145

er: *Convient-il d'éteindre ces illusions nationales, si inoffensives et en même temps si émouvantes?*[1]

So wenig Bedeutung Daguets Besprechung des ersten Bandes von Berchtolds Kantonsgeschichte hat, so interessant und beinahe erstaunlich liest sich die Rezension des zweiten Bandes, erschienen ebenfalls in *L'Emulation*[2].

Einleitend zählt Daguet drei Merkmale der Freiburger Geschichte auf:

- Die Verbindung zwischen Demokratie und Katholizismus
- den militärischen Geist
- das Patriziat[3].

Besonders sieht Daguet ferner das Söldnerwesen als wichtiges Element in der Betrachtung, das in der Geschichtsschreibung oft hintan gestellt wurde: *Le côté militaire des annales suisses a été en général rebattu à en devenir banal.*

Wie Berchtold hält auch Daguet, daß die fremden Kriegsdienste den Stand Freiburg vor 1798 in den Rang einer französischen Militärkolonie hinabgedrückt hätten.

Aber als national denkender Patriot meint Daguet, daß man in gleicher Weise auch der Heldentaten der Söldner gedenken solle.

Bei der freiburgischen Verfassungsgeschichte teilt Daguet die Auffassungen Berchtolds. Wie dieser sieht der Rezensent das Ende des 15. Jahrhunderts als die Geburtsstunde des Patriziats. Und er verurteilt die neue Herrscherklasse ebenfalls als *oligarchie tyrannique*[4]. – Folglich gibt auch Daguet dem Adelsregime die Schuld an dem Debakel von 1798.

Daguet aber übertrifft in seiner Rezension das besprochene Werk durch eine besondere Fähigkeit der historischen Analyse.

Schon eingangs sieht Daguet eine verblüffende Ähnlichkeit in der Geschichte Freiburgs und jener der italienischen Republiken.

---

[1] *L'Emulation* III, 146
[2] *L'Emulation*, III, no. 17 (1846), 257 - 266
[3] *L'Emulation*, op.cit., 258
[4] *L'Emulation*, op.cit., 264

Besonders kommen Daguets analytische Fähigkeiten bei den Betrachtungen der Geschichte von François Arsent hervor. In diesem Schultheissen erkennt er einen *Marino Falièro fribourgeois*, der zwar für Frankreich Partei ergriffen, aber nicht die Republik verraten habe[1].

Daguet sieht in Arsent also einen Marino Faliero, einen republikanischen Märtyrer. Aber auch für dessen Gegenspieler findet er Vergleiche:

Kardinal Schiner ist nach ihm *le Richelieu du Valais* und Peter Falk ein *Condottiere*[2]. Letzteren hält Daguet trotzdem für eine große Persönlichkeit des 16. Jahrhunderts.

Daguet ist der Hinweis zu verdanken, daß auch Freiburg seinen Savonarola gehabt habe in der Person von Jean Vannius, dem Kantor von Sankt Niklaus: Beide hätten die Bürgerschaft zur Einigkeit angesichts der äußeren Bedrohung und der fremden Knechtschaft aufgerufen.

Zwischen der ersten und zweiten Besprechung eines Bandes der Kantonsgeschichte von Berchtold hat also Daguets analytisches und kritisches Vermögen zugenommen. Dies zeigt sich in einem zusammenfassenden Einwand gegen das Geschichtswerk über Freiburg: Der Darstellung von Berchtold fehle in gewissem Sinne *l'art historique*. Jedoch gelte es zu bedenken:

Or, l'histoire cantonale avec ses fractions hétérogènes se prête difficilement à cette coordination systématique[3].

Zu Beginn des 20. Jahrhunderts hat Fridolin Brülhart in seinem Überblick über die ältere Freiburger Literatur nochmals ein Urteil über Berchtold abgegeben, wobei er dem Autor vor allem Parteilichkeit (*partialité*) vorwirft[4].

---

[1] *L'Emulation*, op.cit., 260
[2] *L'Emulation*, op.cit., 260
[3] *L'Emulation* : op.cit., 266
[4] Brülhart, F(ridolin): *Etude historique sur la littérature fribourgeoise depuis le moyen âge à la fin du XIX. siècle* ; Fribourg 1907, 192 ff.

Themen aus Berchtolds Kantonsgeschichte von Freiburg unter dem Gesichtspunkt der Geschichtsanalyse

Es wäre billig und unfair, Berchtolds Geschichte von Freiburg nach Mängeln des Inhalts und der Darstellung zu beurteilen.

Im Gegenteil bedeutet die erwähnte Kantonsgeschichte eine unschätzbare Fundgrube für historische und pseudohistorische Mitteilungen, die in späteren Darstellungen verschwunden oder an den Rand gedrängt wurden.

Die Erwähnung von der Unterschrift Alexanders des Grossen in der Kriegserklärung Neuenburgs an Freiburg ist wertvoll, weil solche Einzelheiten gerne verschwiegen werden.

Das Massaker von Estavayer 1475 wird bei Castella noch kurz erwähnt, ist aber in heutigen Geschichtswerken nicht mehr greifbar.

Daguets Besprechung des zweiten Bandes von Berchtolds Kantonsgeschichte zeigt ferner, daß für die ältere Geschichte, das Mittelalter und die frühe Neuzeit, zuerst nicht die Kriterien wahr und falsch anzuwenden sind, sondern analytische Werkzeuge.

Läßt man die falsche Chronologie der älteren Zeiten weg, so lassen sich mit der Geschichtsanalyse Rückschlüsse gewinnen auf die Plausibilität der historischen Inhalte oder im anderen Fall auf den Sinn, der mit gewissen historischen Geschichten verfolgt wurde.

Alexandre Daguet hat mit seiner Zerlegung der Geschichte von François Arsent ein analytisches Musterbeispiel geliefert – wohl das erste im schweizerischen 19. Jahrhundert.

Die analytische Methode ist erst in den letzten Jahren wiederbelebt worden. Der Autor dieser Untersuchung hat sie erstmals auf die ganze ältere Schweizer Geschichte angewandt[1].

Doch kurz vorher hat schon Walter Koller die analytische Methode angewandt, um die Gründungslegende der Schweiz als humanistische Erfindung zu erkennen[2].

---

[1] Christoph Pfister: *Die alten Eidgenossen, op.cit.*
[2] Walter Koller: *Wilhelm Tell – ein humanistisches Märchen*; in: *Aegidius Tschudi und seine Zeit*, Basel 2002, 237 - 268

Auch für die Freiburger Geschichte gibt es unter diesem Aspekt eine Arbeit von Alain-Jacques Tornare, der Berchtolds Kritik am Schweizer Söldnerwesen als Ausgangspunkt nimmt[1].

Tornare sieht in Freiburg – wohl im 18. Jahrhundert – *un des rouages principaux, une sorte de cheval de Troie français en Suisse, une clef facilitant l'accès à Berne*[2].

Von diesem Standpunkt aus kritisiert Tornare eine Tendenz in der schweizerischen Historiographie. Diese suche die Omnipräsenz Frankreichs in der Alten Eidgenossenschaft und den Stellenwert der fremden Kriegsdienste zu verharmlosen oder hintanzusetzen. Statt dessen versuchten die Historiker einheimische Werte und die Idee der Selbstbehauptung zu beschwören. – Bei Tornare stehen die Freiburger Historiker Gaston Castella und Roland Ruffieux für diese Neigung.

Die merkwürdige Leere in der Freiburger und Schweizer Geschichte im 18. Jahrhundert könnte das Ergebnis eines Strebens sein, die tatsächlich dominierenden Einflüsse auf die eidgenössischen Stände zu verschleiern.

Man suchte diese gewiß demütigende politische Lage wettzumachen durch die Kreierung einer glorreichen Vergangenheit in ferner Zeit.

Berchtolds Geschichtswerk könnte Anlaß geben, einige historische Erzählungen in ihrem wirklichen Gehalt und in einer plausiblen Zeit – dem 17. und 18. Jahrhundert – in einer diskursiven Methode neu zu erfassen.

Bereits zweimal wurde die Affäre Arsent als wichtiges Thema erwähnt. Vermutlich steckt hier die rückwärtsgerichtete Abwehr eines übermächtigen französischen Einflusses hinter der Geschichte.

Berchtold widmete einige Betrachtungen den freiburgischen Germanisationsbestrebungen die zu Ende des 15. Jahrhunderts begonnen hätten und kritisiert diese als lächerlich[3].

Daß aber die ganze helvetische Schwurgenossenschaft einmal bis zum Genfer See (*Lac Léman* = *lac Aléman*) ursprünglich deutsch

---

[1] Alain-Jacques Tornare: *L'appréhension des liens privilégiés avec la France* ; dans : *L'identité du canton de Fribourg à travers son historiographie*. Actes de la journée scientifique organisée le 25 novembre 1990. *Annales fribourgeoises*, tome LIX (1990/91), 55 - 62
[2] Tornare, op.cit., 55
[3] Berchtold; op.cit. II, 42 f.

war und die Westschweiz nachher romanisiert wurde, ist ein Gedan-
ke, der eine Diskussion wert ist.

Das Verhältnis zwischen Freiburg und Bern als dauernder Span-
nungszustand zwischen zwei formell gleichberechtigten Orten wurde
bereits erwähnt. Das Thema ist nicht ausgereizt, vielleicht noch nicht
einmal als zentral erkannt.

Überhaupt könnte man sich fragen, ob die Aufnahme von Freiburg
und Solothurn in den Bund der Eidgenossen anders anzusehen ist:
vielleicht eine Abtrennung jener katholischen Gebiete aus dem Bund
der frühen Eidgenossen.

Auch wirtschaftsgeschichtliche Themen in Freiburgs Vergangenheit
scheinen alles andere als klar zu sein.

Bekannt ist der angebliche Niedergang der städtischen Tuchindustrie
im 15. Jahrhundert, den besonders Hektor Ammann in Einzelheiten
beschrieben hat[1].

Aber die Stadtansicht von Martini von angeblich 1606 zeigt in Freiburg eine blühende Tuchfabrikation. – Der Verdacht liegt nahe, in
dem Verfall der freiburgischen Textilindustrie nicht einen realen Vorfall zu sehen, sondern einen historiographischen Vanitas-Topos.

Bei diesem Thema ist die Erkenntnis von Gaston Castella interessant. Dieser stellt in seiner Kantonsgeschichte fest, daß die ökono-
mische Grundlage Freiburgs unter dem Ancien Regime fast völlig
unbekannt – oder unerforscht - sei[2].

Berchtold wie später Daguet könnten Anhaltspunkte liefern für eine
andere Entstehungsgeschichte nicht nur des Standes Freiburg, sondern der alten Eidgenossenschaft allgemein.

---

[1] Ammann, Hektor: *Freiburg als Wirtschaftsplatz im Mittelalter*, in: *Fribourg –
Freiburg 1957*, Fribourg 1957, 184 ff.
[2] *On ignore encore presque tout de la vie économique sous l'ancien régime.
La répartition de la richesse tant mobilière qu'immobilière, l'état précis de
l'agriculture, de l'industrie et du commerce, par exemple, ne sont presque
pas connus.* In : Gaston Castella : *Histoire du canton de Fribourg*, op.cit.,
351

Alexandre Daguet in seinen kleineren historischen Schriften

Alexandre Daguet in der Forschung

Der Freiburger Historiker Alexandre Daguet (1816 – 1894) wurde in den letzten hundert Jahren mehrmals zum Thema wissenschaftlicher Betrachtungen von unterschiedlichem Umfang und von verschiedenen Blickwinkeln her.

1895 veröffentlichte Joseph Schneuwly eine erste Biographie von Daguet[1].

Im Rahmen seines Vortrages *Die Freiburgische Geschichtsschreibung in neuerer Zeit* (1904) behandelte Albert Büchi Daguet auf zwei Seiten, wobei er besonders das Bild und die Stellung des Historikers in seiner Zeit betonte[2].

Fridolin Brülhart in seinem Überblick über die ältere Freiburger Literatur spendet Daguet großes Lob, sowohl für seine Arbeit als Historiker als auch für seinen Stil[3].

1921 veröffentlichte Alexandre Schorderet eine erste zusammenfassende Betrachtung über das Leben und Wirken von Daguet[4].

Für Gaston Castella in seiner Kantonsgeschichte von 1922 steht der Name Daguet für die „Erneuerung der Geschichte" (*le renouveau de l'histoire*)[5] – eine Beurteilung, die durch diese Untersuchung zu revidieren ist.

Die Autoren Richard Feller und Edgar Bonjour in ihrem Standardwerk über die Geschichtsschreibung der Schweiz räumen Alexandre Daguet einen zweiseitigen Artikel ein[6].

---

[1] Schneuwly, J.: Daguet, in: *Etrennes fribourgeoises*, 29 (1895)

[2] Büchi, Albert : *Die Freiburgische Geschichtsschreibung in neuerer Zeit* ; Fribourg 1905, 13 - 15

[3] Brülhart, F(ridolin) : *Etude historique sur la littérature fribourgeoise depuis le moyen âge à la fin du XIX. siècle* ; Fribourg 1907, 209 ff.

[4] Schorderet, Alexandre: *Alexandre Daguet et son temps*, in: *Annales fribourgeoises* 9 (1921), 1 – 4; 49 - 86

[5] Castella, Gaston: *Histoire du Canton de Fribourg depuis les origines jusqu'en 1857*; Fribourg 1922, 608

[6] Richard Feller/Edgar Bonjour: *Geschichtsschreibung der Schweiz*, Bd. 2, 2. Auflage, Basel 1979, 724 - 727

Die Erwähnung von Daguet ist bemerkenswert durch den Umstand, daß in dem gleichen Buch der andere bedeutende Freiburger Historiker der Mitte des 19. Jahrhunderts, Jean-Nicolas Berchtold-Beaupré mit seiner ersten Kantonsgeschichte ausgelassen oder vergessen wurde. – Aber Daguet und Berchtold arbeiteten am Anfang zusammen und vertraten teilweise ähnliche Ansichten.

1991 erschien aus der Feder von Louis-Edouard Roulet eine Untersuchung über Daguets Wirken an der Akademie von Neuenburg[1].

Jean-Maurice Uldry widmete 2003 der Zeitschrift *L'Emulation* eine eigene Untersuchung[2]. – An dieser Freiburger Publikation historisch-kulturellen Inhalts hatte Daguet anfänglich regen Anteil.

2005 lieferte Alexandre Fontaine eine biographische Studie zu Alexandre Daguet[3], Diese bietet neben einer umfassenden Biographie detaillierte Einsichten in das Wirken des Freiburger Historikers. – Leider beschränkt sich die Arbeit auf die erste Lebenshälfte bis etwa 1850.

Alexandre Fontaine hat ein Jahr später nochmals einen kleinen Beitrag zu dem Freiburger Historiker geliefert, indem er ein *livre de raison* beschreibt, das Daguets Enkel Pierre Favarger (1875 – 1956) über seinen Großvater geschrieben hat – allerdings auch hier nur den ersten Teil der Lebensbeschreibung bis 1850[4].

Das neue Historische Lexikon der Schweiz berücksichtigt Alexandre Daguet ebenfalls in einem Artikel[5].

---

[1] Roulet, Louis-Edouard: *Alexandre Daguet, un professeur fribourgeois à l'Académie de Neuchâtel (1866 – 1894)*, in : *Passé pluriel*. En hommage au professeur Roland Ruffieux ; Fribourg 1991, 447 - 462
[2] Uldry, Jean-Maurice: *L'Emulation (1841 – 46 & 1852 – 1856)*. Analyse de la première revue culturelle fribourgeoise ; Fribourg 2003 (Mémoire de licence).
[3] Fontaine, Alexandre : *Alexandre Daguet (1816 – 1894). Racines et formation d'un historien libéral-national oublié* ; Fribourg 2005 (Mémoire de licence).
[4] Fontaine, Alexandre: *Naissance d'un historien*; in: *Annales fribourgeoises*, tome LXVIII (2006), 59 - 72
[5] *Historisches Lexikon der Schweiz* (HLS), Bd. 3; Basel 2004, 556 f.

40

Daguets historische Publikationen

Aus der Biographie von Alexandre Daguet entnimmt man, daß dieser Historiker, Lehrer und Professor war. Neben seinen geschichtlichen Arbeiten hat der Wissenschafter als Pädagoge auch eine umfangreiche Biographie über seinen Lehrer Pater Grégoire Girard verfaßt[1].

Das historische Hauptwerk von Daguet ist die *Histoire de la Confédération suisse*, zuletzt erschienen 1879[2]. Sie nahm ihren Anfang mit der *Histoire de la nation suisse, d'après Zschokke, les principaux écrivains nationaux et quelques sources originales*, erschienen zuerst zwischen 1851 und 1853 in Freiburg.

Daguets geschichtliches Hauptwerk wird in einer nächsten Publikation untersucht[3].

Hier werden die wichtigsten kleineren historischen Beiträge von Daguet betrachtet[4]. Diese nämlich liefern einzigartige Einblicke in die Denkweise und die Ansichten jenes Geschichtsforschers. – Die Mitteilungen in den kleinen historischen Schriften enthalten häufig Einzelheiten, die seiner offiziellen Schweizergeschichte fehlen. Auch sind die kleinen Arbeiten ergiebig für historische Gedankenanstöße.

Berücksichtigt wurden für die vorliegende Untersuchung folgende historische Arbeiten von Alexandre Daguet:

- die 1843 erschienene Biographie von François Guillimann,

- die 1846 erschienene Rezension des zweiten Bandes der Freiburger Kantonsgeschichte von Berchtold-Beaupré,

- die 1876 erschienenen Betrachtungen über die Burgunderkriege,

- der 1880 erschienene Abriß über Aventicum und seine Geschichte und

---

[1] Daguet, Alexandre: *Le Père Girard et son temps. Histoire de la vie, des doctrines et des travaux de l'éducateur suisse (1765 – 1854)*, tome 1.2., Paris 1896
[2] Daguet, Alexandre: *Histoire de la Confédération suisse* ; Genève – Bâle – Lyon – Paris 1879
[3] Pfister, Christoph: *Die Entstehung der Jahrzahl 1291*. Beiträge zur Schweizer Historiographie: Stumpf – Schweizer – Daguet et al.; Norderstedt 2012
[4] Ein Verzeichnis aller Aufsätze von Daguet und der damals erschienenen Literatur über ihn findet sich in: *Anzeiger für Schweizerische Geschichte*, Neue Folge, VII, 292 - 294

- die 1883 herausgegebene Zusammenfassung über die Winkelried-Frage.

- Ebenfalls wird die *Histoire de la ville et seigneurie de Fribourg* behandelt.

- Auch Daguets Bearbeitung seiner *Schweizergeschichte zum Gebrauch der Primarschulen* soll - wenigstens skizzenhaft - einbezogen werden, und zwar in der autorisierten deutschen Ausgabe von 1868: Der Grund liegt in der größeren Verbreitung, welche die gekürzte Fassung hatte. Das Schulbuch beeinflußte und formte das historische Denken von Generationen.

Die Analyse des oben erwähnten Manuals in seiner deutschen Ausgabe gewährt Einblicke in die historische Terminologie und belegt, wie viele Fakten und Begriffe sich erst in der zweiten Hälfte des 19. Jahrhunderts ausbildeten und verfestigten.

Die Biographie über François Guillimann

1843, im Alter von 27 Jahren, gab Alexandre Daguet eine Lebensbeschreibung über den Freiburger Chronisten Franz Guillimann heraus[1]. Die 82-seitige Broschüre zeigt den Historiker trotz seiner Jugend bereits auf der Höhe seiner Fähigkeiten und schlägt viele wesentlichen Themen und Motive seiner späteren Arbeiten an.

Guillimann est l'un des Ecrivains les plus estimables qui soient sortis de notre patrie[2], schätzt Daguet den Chronisten in der Einleitung ein.

Daguet geht in seiner Biographie chronologisch vor. Er vertraut den Quellen unbedingt, bringt eine Menge Einzelheiten, was häufig auf Kosten des Überblickes geht. – Nicht die Schilderung soll deshalb beurteilt werden, sondern seine persönlichen Bemerkungen und Urteile.

Vor Guillimann hätten erst wenige Schweizer den Weg der Geschichtsschreibung eingeschlagen, behauptet Daguet. Dabei nennt

---

[1] Daguet, Alexandre: *Biographie de François Guillimann de Fribourg, auteur des REBUS HELVETIORUM, historiographe de l'empereur Rodolphe II et de la maison d'Autriche* ; Fribourg 1843.
Vergleiche darüber auch: Fontaine, Alexandre: *Daguet*, op.cit, 69 ff.
[2] Daguet: *Guillimann*, (III)

er in einer großzügigen Zeitsynthese die Namen Etterlin, Justinger, Simler, Stumpf und Tschudi[1].

Gleich danach gibt Daguet als Motiv von Guillimanns historiographischem Werk *De Rebus Helvetiorum* (*Antiquités helvétiques*) und *Helvetia* (*Suisse*) das Bedürfnis an, eine eigene Geschichte im Gegensatz zu Simler und Stumpf zu schreiben[2].

Eine erste chronologische Unstimmigkeit tut sich bei Daguets Darstellung auf, die der Autor nicht durchschaut: Die *Antiquités* sollen 1598 in Freiburg gedruckt, aber erst 1710 und 1735 nachgedruckt worden sein. Und erst nach den beiden letzten Erscheinungsdaten gab es Proteste und Reaktionen gegen das Geschichtswerk von Guillimann.

Kritik übt Daguet vor allem an der Meinung Guillimanns, daß der Schweizer Bund durch die kirchenfeindliche Tätigkeit des Hohenstaufenkaisers Friedrichs II. vorbereitet wurde. – Dabei gibt es auch einen Seitenhieb auf Joseph Eutych Kopp, den viele damals für den Niebuhr der Schweiz hielten[3].

Guillimann soll nach 1600 in den Dienst der Habsburger getreten sein. Und bereits 1605 wäre das Buch über jenes Herrschergeschlecht erschienen – merkwürdigerweise aber in Mailand.

Neben seinem umfangreichen Werk *Principes Austriae* sieht Daguet Guillimanns Bedeutung in seinen späteren Jahren richtig in seiner historischen Korrespondenz. In einem dieser Briefe wurde bereits die Existenz von Wilhelm Tell diskutiert[4]. Guillimann schrieb auf eine von Melchior Goldast gestellte Frage, daß die Tellengeschichte seiner Meinung nach eine reine Fabel sei.

Daguet hingegen ist der Meinung, daß der Mythos von Tell eine Berechtigung habe und beruft sich dabei auf die Tugenden des Patriotismus und Heroismus. Auch sei die Erwähnung der Legende bei Chronisten wie Russ, Etterlin und Schodeler zu berücksichtigen, ferner die Pflege der Tell-Tradition in den Waldstätten[5].

---

[1] Daguet: *Guillimann*, 9
[2] Daguet: *Guillimann*, 11
[3] Daguet: *Guillimann*, 17. Vergleiche auch einen Briefwechsel zwischen Kopp und Daguet: Archives d'Etat de Neuchâtel; Fonds Favarger
[4] Daguet: *Guillimann*, 35 ff.
[5] Daguet: *Guillimann*, 37 f.

Bei dieser Erörterung erwähnt Daguet den chronologischen Hiatus zwischen seiner Tell-Kritik und jener von Voltaire, Gottlieb Emanuel Haller und Ulrich Freudenberger nach der Mitte des 18. Jahrhunderts – ohne daß er die zeitliche Unstimmigkeit thematisieren würde.

Die letzten Jahre seines kurzen Lebens soll Guillimann bekanntlich mit Archivarbeit und anschließenden Publikationen in Freiburg im Breisgau, in Innsbruck, Straßburg und in Einsiedeln verbracht haben. Die vielen Einzelheiten ergeben in Daguets Darstellung kein durchsichtiges Bild des Chronisten. Ebenso mysteriös mutet das postume Verschwinden der *Helvetia* an, obwohl viele Geschichtsschreiber des 18. Jahrhunderts diesen Verlust beklagten.

Die außergewöhnlich gute Quellenlage für einen Chronisten, der vor 400 Jahren gelebt haben soll, stimmt verdächtig. Nicht nur Daguet hat eine detaillierte Biographie jenes Freiburger Historiographen geschrieben, sondern zu Beginn des 20. Jahrhunderts auch Johann Kälin[1]. Dieser jedoch behauptet, Daguet hätte zu wenig gründlich geforscht – aber auch mit weniger Quellenmaterial auskommen müssen[2].

Die Rezension der Freiburger Kantonsgeschichte von Berchtold

1840 wurde die *Société d'histoire du canton de Fribourg* gegründet. Initiator war der Arzt und Geschichtsschreiber Jean-Nicolas Berchtold (1788 – 1860). Ein führendes Mitglied war vom Anfang an auch Alexandre Daguet.

Der Kontakt zwischen Daguet und Berchtold scheint weit über einen Gedankenaustausch gegangen zu sein. Auf Grund meiner Untersuchungen über die Kantonsgeschichte von Berchtold muß von einer wechselseitigen Beeinflussung ausgegangen werden.

Die Freiburger Kantonsgeschichte von Berchtold ist in drei Bänden 1842, 1845 und 1852 herausgekommen. – Dem ersten und zweiten

---

[1] Johann Kälin: *Franz Guillimann, ein Freiburger Historiker von der Wende des XVI. Jahrhunderts*, Freiburg (Schweiz) 1904
[2] Kälin: *Guillimann*, VI

Band des Werkes hat Daguet in der Zeitschrift *L'Emulation*[1] je eine Besprechung gewidmet[2].

Während die Rezension des ersten Bandes von Berchtolds Kantonsgeschichte ausschließlich referierend gehalten ist, so erstaunt die kritische Inhaltsanalyse in der Würdigung des zweiten Bandes von 1845. Daguet zeigt hier Fähigkeiten zur historischen Analyse der älteren Geschichte, die er nachher bedauerlicherweise nicht weiter verfolgt hat.

Wie Berchtold hält auch Daguet die fremden Kriegsdienste für moralisch und politisch schädlich. Besonders vor 1798 sei zum Beispiel Freiburg auf den Rang einer französischen Militärkolonie herabgesunken[3].

In den Zusammenhang mit fremden Solddiensten stellt Daguet auch die Geschichte um den unglücklichen Freiburger Schultheißen Franz Arsent und seinen Gegenspieler Peter Falk[4].

Arsent ist nach Daguet eine Art venezianischer Marino Faliero, Matthäus Schiner ein Richelieu des Wallis, während Falk als Condottiere, aber dennoch als *un des plus grands hommes de l'histoire suisse au XVI. siècle*[5] zu charakterisieren sei.

Als anderes historisches Element der italienischen Renaissance in der Freiburger Geschichte erkennt Daguet den Chorherrn von Sankt-Niklaus, Jean Vannius, den er als *Savonarola fribourgeois*[6] bezeichnet.

Daguet analysiert die Legende von Arsent, Falk, Schiner und Vannius nur oberflächlich. Eine breitere Betrachtung hätte mehr inhaltliche Parallelitäten zwischen der italienischen und freiburgischen Geschichte der Renaissance zu Tage gefördert.

---

[1] Siehe: Uldry, Jean Maurice: *L'Emulation* (1841 – 46 & 1852 – 1856). Analyse de la première revue culturelle fribourgeoise ; Fribourg 2003 (Mémoire de licence).

[2] *L'Emulation*, III (1844), no. 12, 89/90, 108 – 110, 123/124, 140/141, 145 – 147
L'Emulation, III, no. 17 (1846), 257 – 266

[3] *L'Emulation*, III, no. 17 (1846), 259: *Avant 98 surtout, le service avait abaissé Fribourg au rang d'une colonie militaire de la France.*

[4] *L'Emulation*, III, no. 17 (1846), 260 f.

[5] *L'Emulation*, III, no. 17 (1846) 261

[6] *L'Emulation*, a.a.O.

Vielleicht hat Daguet der Mut verlassen, eine zweifelhafte Historie analytisch zu zerlegen. Sie wäre vermutlich seinen nachfolgenden Berufungen als Historiker und Pädagoge von Staates wegen im Wege gestanden.

Die Schweizergeschichte zum Schulgebrauch

Daguets historiographisches Hauptwerk, die *Histoire de la Confédération suisse* ist in mehreren, ständig erweiterten und veränderten Auflagen herausgekommen. Die erste Ausgabe datiert von 1851 - 1853, die letzte von 1879/80.

Parallel dazu hat Daguet – ebenfalls in mehreren Auflagen – eine gekürzte Bearbeitung zum Gebrauch in den Schulen und in der Familie herausgegeben[1]. Diese ist in einer Ausgabe von 1868 auch auf Deutsch erschienen[2] und soll nach dieser Übersetzung beurteilt werden.

Einige wesentliche Punkte und Themen des Manuals sollen hervorgehoben werden.

Die Darstellung ist weit gespannt und geht von der Urgeschichte bis zur Gegenwart. Die aufkommende Archäologie hat sich in der gewaltigen Rückverlegung des historischen Rahmens niedergeschlagen.

Hinter den Seenbewohnern und ihren Pfahlbauten sollen ein wildes Volk gestanden sein. Dazwischen bis zum Aufkommen der Helvetier *etwas mehr als hundert Jahre vor Christi Geburt*[3] soll das Land aber wieder wüst und leer gewesen sein. – Eine kohärente Geschichte wird nicht einmal versucht darzustellen.

Die Helvetier waren nach Daguet ein republikanisches, die Alamannen jedoch ein abgöttisches Volk; und erst unter den Burgundern und vor allem den fränkischen Königen sei das Christentum und damit die Gesittung in der Schweiz vorwärts gekommen. – Der Fortschrittsglaube des 19. Jahrhunderts schlägt sich auch in der Interpretation der Vorgeschichte nieder.

---

[1] Daguet, Alexandre: *Abrégé de l'histoire de la Confédération suisse, à l'usage des écoles primaires*; 1868
[2] Daguet, Alexander: *Abriß der Schweizergeschichte zum Gebrauche der Primarschulen*. Mit Bewilligung des Verfassers für unsere teutschen Primarschulen bearbeitet; Aarau 1868
[3] Daguet: *Manual*, 1

Die Anfänge der Waldstätte werden als kleine Unternehmungen dargestellt: Die Bündnisse seien nur zeitweilig gewesen *und ein sehr schwacher Keim, welchen das Geringste zerstören konnte*[1].

Der Entwicklung der Westschweiz widmet Daguet besondere Aufmerksamkeit. Auch Einzelheiten können hier für eine allgemeine Betrachtung nützlich sein. - Beispielsweise bezeichnet der Historiker den Grafen Peter von Savoyen als einen kleinen Karl den Kühnen[2] – unter Umständen ein bedeutungsvoller Hinweis.

Das Bild des Mittelalters, welches Daguet zeichnet, ist sehr konventionell: *Das Ritterwesen oder der Waffen-Adel ist die glänzendste Stiftung des Mittelalters. Muth, Treue, Höflichkeit, Frömmigkeit, das waren die Tugenden des ächten Ritters*[3].

Daguet war einer der ersten, der den Bund der Eidgenossen statt auf 1307/08 wie bisher, nun im Jahre 1291 beginnen läßt[4]. Und er hält nicht König Rudolf von Habsburg, sondern Albrecht I. für den Schuldigen an der Erhebung der Waldstätte. Der Rütli-Schwur und auch die Geschichte von Wilhelm Tell und Gessler werden folglich in die Regierungszeit jenes Kaisers verlegt.

Die historische Romantik ergreift Daguet, wenn er das 14. Jahrhundert als *eines der schönsten in unserer Nationalgeschichte*[5] bezeichnet.

Tacitus steht zu Gevatter in Daguets Urteil über die Zwistigkeiten der alten Eidgenossen im 15. Jahrhundert:

Die Schweizer hatten durch Eintracht die Freiheit erworben. Allein seit der Eroberung des Aargau's hatten Herrschsucht und Habgier alte Einigkeit zerstört[6].

---

[1] Daguet: *Manual*, 13
[2] Daguet: *Manual*, 15
[3] Daguet: *Manual*, 16 f.
[4] Über die Verschiebung des Gründungsdatums der Eidgenossenschaft von 1307 auf 1291 im 19. Jahrhundert vgl.: Kreis, Georg: *Der Mythos von 1291*. Zur Entstehung des schweizerischen Nationalfeiertags, in: *Die Entstehung der Schweiz*. Vom Bundesbrief 1291 zur nationalen Geschichtskultur des 20. Jahrhunderts; Schwyz 1999, 43 - 102
[5] Daguet: *Manual*, 30
[6] Daguet: *Manual*, 35

Gegenüber dem 15. hält Daguet die Sitten und Gebräuche des 16. Jahrhunderts für milder. – Dafür aber hätte der Kastengeist größere Fortschritte gemacht und zum Patriziat geführt, dessen verderbliche Auswirkungen man von Berchtolds Kantonsgeschichte von Freiburg her kennt.

Bedeutungsvoll ist die Behauptung Daguets, daß die Schweiz im 17. Jahrhundert die Abhängigkeit vom Deutschen Reich ledig geworden sei, um ihn gegen den demütigenden Einfluß Frankreichs einzutauschen[1]. – Auch diese These kennt man von Berchtold her, genau wie die Bezeichnung des französischen Königs Ludwigs XIV. als Despoten.

Vom 18. Jahrhundert behauptet Daguet, dieses sei vom Gesichtspunkte der Künste, Wissenschaften und Literatur das ruhmreichste der Schweizer Geschichte gewesen. – Aber politisch hätten die aristokratischen und oligarchischen Regierungen in allen Ständen die Demokratie vertrieben. – Erst die große Revolution in Frankreich habe die alten politischen Systeme erschüttert.

Daguets geschichtlicher Abriß zum Schulgebrauch enthält Einzelheiten, die in späteren Darstellungen getilgt wurden.

Die Breitenwirkung der populären Geschichtsdarstellung von Daguet ist nicht zu unterschätzen. – Also war er Mitbegründer der nationalen historischen Kultur der zweiten Hälfte des 19. Jahrhunderts, der ersten Landesausstellung von 1884 und der bedeutsamen 600-Jahr-Feier der Eidgenossenschaft von 1891.

Für das große wie für das kleine schweizergeschichtliche Werk von Daguet gilt die zusammenfassende Beurteilung von Gaston Castella: *riche en renseignements, qui révèle un esprit curieux, une vaste lecture, son ardent patriotisme surtout, mais où l'on aimerait trouver plus d'originalité, plus de précision et plus d'esprit critique*[2].

In der Korrespondenz von Daguet finden sich Antwortbriefe zur Landesausstellung von 1884, aber auch Schreiben von Johannes Dierauer und Karl Dändliker[3]. – Der Freiburger Historiker hatte im Alter

---

[1] Daguet: *Manual*, 57
[2] Castella, a.a.O., 619
[3] Archives de l'Etat de Neuchâtel: Fond Favarger

also durchaus teil an der historiographischen Entwicklung der Schweiz[1].

Die Betrachtung über die Burgunderkriege

In seinen letzten Lebensjahrzehnten widmete sich Daguet einigen zentralen Themen der umstrittenen älteren Schweizergeschichte.

1876 befaßte sich der Forscher im Rahmen eines Vortrages in Neuenburg – als Beitrag zum 400. Jahrestag der Schlacht bei Murten - mit den Burgunderkriegen, genauer gesagt der Rolle der Schweizer im europäischen Mächtesystem[2].

Eine Gesamtschau wird von Daguet verworfen, sagt er doch einleitend, er möchte vielmehr einige Fragmente aus Liedern und Chroniken bringen, die er für lebendiger halte als die modernen Geschichtserzähler[3].

Doch schließlich meint Daguet, daß der moralische und philosophische Charakter der Geschichte sein Recht verlange und stellt folgende Fragen zu den Burgunderkriegen:

1) Waren die Eidgenossen im Recht? Bedrohte der Herzog von Burgund wirklich ihre Unabhängigkeit?

2) Waren die Eidgenossen nicht das Werkzeug des französischen Königs Ludwig XI. und ihrer eidgenössischen Gefolgsleute wie Niklaus von Diesbach in Bern?

3) Spielte das Geld die entscheidende Rolle? Also daß sich Frankreich Berns und anderer eidgenössischer Orte bediente, um Burgund zu vernichten?

Dabei zitiert Daguet „Albert von Haller", wobei er wahrscheinlich Albrecht von Haller meint.

Nachher referiert der Autor über mehrere neuere historische Meinungen zum Thema.

---

[1] Vgl. Buchbinder, Sascha: *Der Wille zur Geschichte*. Schweizergeschichte um 1900 – die Werke von Wilhelm Oechsli, Johannes Dierauer und Karl Dändliker; Zürich 2002
[2] Daguet, Alexandre: *Les guerres de Bourgogne et le rôle des Suisses dans la politique européenne* ; Fribourg 1876
[3] Daguet: *Guerres de Bourgogne*, 4

Auslöser dieser Diskussion[1] war der Baron Frédéric de Gingins-La Sarraz. Diesere publizierte 1840 seine *Lettres sur la guerre des Suisses contre le duc Charles-le-Hardi.*

Dann erwähnt er die Arbeit des amerikanischen Historikers John Foster Kirk *Histoire de Charles-le-Téméraire.* Dieser nimmt Partei für den Herzog von Burgund und sieht seinen Krieg gegen die Schweizer als berechtigt.

Auf Kirk antwortete der Engländer M. Freemann in seiner *Histoire des Etats fédératifs,* indem er dessen Schlußfolgerungen bestritt und den Eidgenossen Recht gab.

Ferner erwähnt Daguet einen Publizisten namens Ochsenbein, der im *Bund* anläßlich der Säkularfeier ebenfalls gegen die Thesen Kirks wandte.

Am Schluß zitiert Daguet eine Passage aus Berchtolds *Histoire du canton de Fribourg*, ebenfalls um Kirk zu widerlegen.

Im Übrigen folgt Daguet der von allen eidgenössischen Chronisten kolportierten Meinung, daß die Burgunderkriege schlimme Auswirkungen auf die politische Moral der Eidgenossenschaft gehabt hätten. Die französischen Pensionen *ont eu sur les Suisses l'effet de l'or du Pérou sur les Espagnols*[2].

Neben den ungünstigen Folgen seien nach Daguet die Eidgenossen endgültig zu einer Macht von europäischer Bedeutung aufgestiegen, die bis Marignano anhielt - eigentlich ein Widerspruch zu den vorangegangenen Feststellungen.

In diesem Zusammenhang behauptet Daguet, der Begriff „Kantone" sei zuerst in der ersten Hälfte des 15. Jahrhunderts in ihren Verträgen mit den eidgenössischen Ständen gebraucht worden[3].

Daguet spannt seine Betrachtungen auf die Zeit weit nach den Burgunderkriegen aus: Mit Marignano seien die Schweizer endgültig zu Söldnern geworden, deren Aufgabe es war, ihr Blut für die Könige von Frankreich zu vergießen.

---

[1] Vgl. über diese historiographische Auseinandersetzung: Ruffieux, Roland: *La révision de l'histoire des guerres de Bourgogne en Suisse romande au milieu du XIXème siècle. In: Publication du centre européen d'études burgondo-médianes*; Genève 1968, 55 - 69

[2] Daguet: *Guerres de Bourgogne*, 13

[3] Daguet: *Guerres de Bourgogne*, 14

Es gebe da eine Ausnahme, sagt Daguet: Kardinal Schiner und Zwingli verhinderten, daß die deutschen Kurfürsten ihre Krone Franz I. anboten. – Durch diese Handlung hätten die Eidgenossen vollends den Titel Geissler der Könige (*châtieurs des rois*)[1] verdient.

Wenn auch die Schweiz spätestens im 18. Jahrhundert infolge kleinlicher innerer Streitigkeiten und dem lähmenden System der Oligarchie jegliche außenpolitische Energie verloren habe, so sei dies durch eine Blüte der Kultur und Geistigkeit wettgemacht worden.

Doch an der Wende zwischen dem 17. und 18. Jahrhundert hätte die Schweiz noch einmal politische Größe bewiesen, indem sie sich nach dem Widerruf des Ediktes von Nantes gegen den Despotismus von Ludwig XIV. (*le despotisme de Louis XIV*)[2] wandten. Besonders Bern gebühre das Verdienst, Neuenburg und auch Genf dem Landhunger von Ludwig dem Übermütigen (*Louis-le-Superbe*)[3] weggenommen zu haben.

Daguet schließt seine weit gefaßten Betrachtungen mit der Feststellung, daß die Schweiz trotz ihrer geringen Größe und Bevölkerung einen bedeutenden Platz in der europäischen Geschichte einnehme, was auch Alexis de Tocqueville bemerkte.

Aventicum: seine Ruinen und seine Geschichte

Man erinnert sich, daß Daguet 1866 in Neuenburg Professor für Geschichte und Pädagogik, aber auch für Archäologie wurde. Der neuentstandenen Wissenschaft von den Urzeiten der Menschheit zollt der Autor schon in seiner Schweizergeschichte seinen Tribut mit der Erwähnung der Pfahlbauer.

1880 verfaßte Daguet dann eine Betrachtung über die Römerstadt Aventicum[4].

Auf dreißig Seiten gibt der Forscher den damaligen und konventionellen Wissensstand über das alte Avenches wieder. Dabei beklagt Daguet die fehlende Spendefreudigkeit des Kantons und der Eidgenossenschaft, welche wissenschaftliche Ausgrabungen verunmögliche.

---

[1] Daguet: *Guerres de Bourgogne*, 17
[2] Daguet; *Guerres de Bourgogne*, 18
[3] Daguet: *Guerres de Bourgogne*, a.a.O.
[4] Daguet, Alexandre: *Aventicum, ses ruines et son histoire*. Mémoire; Neuchâtel 1880

In einem ersten Teil werden die Monumente des alten Aventicums und die damals bekannten Bodenfunde beschrieben. Der zweite Teil widmet sich der Geschichte der Römerstadt.

Am Wertvollsten sind Daguets Betrachtungen über die Meilensteine, die von Aventicum ausgingen und häufig an Orten gefunden wurden, die nicht mit den inschriftlich genannten Entfernungsangaben übereinstimmen. – Hier hält der Forscher dafür, daß viele Steine und sonstige Inschriften von ihrem ursprünglichen Aufstellungsort versetzt worden sind. Aber die Blöcke müßten von Aventicum herkommen, weil sie aus Kalksteinbrüchen am Neuenburgersee stammten[1].

Richtig schließt Daguet auch, daß der Murten- oder Avenches-See ursprünglich bis vor die Stadtmauern von Aventicum gereicht haben muß. Als Beweise beruft er sich auf eine Aussage von Guillimann[2] und auf die bekannte Inschrift, welche die *nautae Aruranci*, die Gilde der Flußschiffer erwähnt.

Daguet erörtert auch den Namen der Stadt. Dabei zitiert er ein Gedicht von Gottfried von Viterbo, der die Stadt Avenza nennt und als eine Art helvetisches Troja ansieht.

Der historische Teil von Daguets Betrachtung über Aventicum leidet an einer schon fast naiven Quellengläubigkeit des Historikers. Die Widersprüche, die sich aus der legendären Überlieferung ergeben, fallen Daguet auf, werden nicht entlarvt.

Es beginnt schon mit der Entdeckungsgeschichte. Danach hätte der berühmte Peter Falk den Humanisten Glarean nach Freiburg und zu einem Besuch der Ruinen von Aventicum eingeladen. Die Begehung sei aber nicht zu Stande gekommen.

Erst im frühen 18. Jahrhundert habe der französische Altertumsforscher Arcisse de Caumont das alte Aventicum besucht und die Überreste beschrieben.

Daguet fällt der gewaltige chronologische Hiatus von zwei Jahrhunderten, zwischen der ersten mißglückten und der zweiten gelungenen neuzeitlichen Erwähnung der Ruinenstadt nicht auf.

Bekanntlich wird die Gründung Aventicums vor Christi Geburt gesetzt.

---

[1] Daguet; *Aventicum*, 28
[2] Guillimann : *De rebus Helvetiorum*, I, c. 3

Dies widerspricht einer anderen Überlieferung, nach welcher Aventicum erst unter den Flaviern zu einer bedeutenden Stadt und römischen Kolonie wurde.

Und Kaiser Vespasian soll seine Jugend in jener Stadt verbracht haben. – Titus habe bei der Belagerung und Eroberung von Jerusalem mehrere tausend Helvetier in seinem Heer gehabt. Als Dank für deren Tapferkeit hätte der Kaiser der Gegend von Avenches den Namen Galiläa gegeben.

Indem Daguet ausführlich die antiken Erwähnungen und Inschriftenfunde diskutiert, kommt er zu dem diskordanten Schluß, wonach Aventicum die einzige römische Kolonie auf helvetischem Boden war, aber gleichzeitig im Rang der Hauptstadt des Helvetierlandes verblieb. Dieses Privileg hätte sich auch darin ausgedrückt, daß die Meilenangaben von dieser Stadt aus bestimmt wurden.

Wenn Daguet das spätere Schicksal der Stadt beschreibt und zu erklären versucht, verliert er sich in einen Alptraum.

Bekanntlich hätten die Alamannen – nach Daguet „264 AD" - Aventicum bei einem Einfall in Gallien zerstört. Die halbzerstörte Stadt, die Ammianus Marcellinus erwähnt, hätte aber noch bis etwa 600 AD eine Schattenexistenz geführt. Hier zitiert Daguet auch zweifelhafte Quellen wie Gregor von Tours, die Fredegar-Chronik und die Aufzeichnungen des Bischofs Marius von Avenches.

Indem er Wiflisburg, den deutschen Namen von Avenches auf einen alamannischen Heerführer Wifli oder Wifil zurückführt, verläßt Daguet endgültig jede kritische Distanz gegenüber der alten Überlieferung.

Daguets Betrachtungen über das alte Aventicum sind interessant durch einzelne Feststellungen und die Wiedergabe von historischen Behauptungen, die in späteren Darstellungen des Themas verschwunden sind.

Als vornehmlichste Quelle für Daguets Ausführungen über Aventicum ist Guillimann auszumachen. Dieser Chronist stellt häufig die gleichen Überlegungen an, etwa indem er dafür hält, daß der Murtensee bis an die Tore der alten Römerstadt gereicht habe.

Die Winkelried-Frage

Bei Wilhelm Tell wagte Daguet seinem großen Vorbild Guillimann zu widersprechen, indem er jene Legende als eine nützliche Konstruktion bezeichnete[1].

1883 – vielleicht im Hinblick auf die drei Jahre später geplante Jubiläumsfeier der Schlacht von Sempach – publizierte Daguet eine vierzehnseitige Abhandlung über die Frage von Winkelried, die er im Untertitel als Frucht zwanzigjähriger Forschungen bezeichnete[2].

Der anspruchsvolle Titel läßt bereits erahnen, daß Daguet mehr noch als bei Wilhelm Tell von der Historizität des Helden Winkelrieds überzeugt war. Seine Schrift ist der zweifelhafte Versuch, unter Aufbietung aller rhetorischen und logischen Mittel und mit einer teilweise waghalsigen Interpretation der Chroniken, die Existenz des Helden von Sempach zu beweisen.

Bereits am Anfang erklärt Daguet die erkenntnistheoretischen Axiome seiner nachfolgenden Darlegungen. Der Forscher erkennt, daß es einen Widerspruch geben könnte, zwischen einem blinden Vertrauen in die Tradition und einer kritischen Wissenschaft von der Geschichte:

Mais si la critique historique est légitime, nécessaire, elle peut aussi dégénérer en critique exagérée ou hypercritique dissolvante ...[3].

Mehr noch: *Or, l'esprit de doute et de négation est contagieux*[4].

Die nachfolgenden Ausführungen stellen somit einen einzigen Versuch dar, Winkelried als wahre historische Gestalt zu retten und Zweifel und Einwände zu entkräften.

Zuerst fällt der Name Joseph Eutych Kopp, welcher die Tradition von Wilhelm Tell als Legende entlarvte. Damit aber habe er nach Daguet einen Stein von dem Denkmal entfernt, welches Ägidius Tschudi

---

[1] Daguet : *Guillimann*, 37 f.
[2] Daguet, Alexandre: *La question de Winkelried ou résumé des recherches faites depuis vingt ans sur l'existence d'Arnold de Winkelried et son action héroïque à Sempach (1386)*; Neuchâtel 1883
[3] Daguet: *Winkelried*, (1)
[4] Daguet: *Winkelried*, a.a.O.

zum Ruhme unserer Vorfahren errichtet habe und welches von Johannes von Müller und seinen Fortsetzern erweitert wurde[1].

Gegenüber den Kritikern der Winkelried-Legende lobt Daguet den Luzerner Historiker Theodor von Liebenau, der wenige Jahre später zur Säkularfeier ein offizielles Werk über die Schlacht von Sempach herausgeben wird[2].

Liebenau verfaßte eine Genealogie der Winkelried bis 1386. Daguet weiß, daß ein Arnold von Winkelried auch in den Schlachten von Marignano und Bicocca ähnliche Heldentaten wie bei Sempach vollbracht hat. Man hätte nach ihm also die Geschlechterfolge bis ins 16. Jahrhundert fortsetzen sollen.

Erwähnt wird die Tat Winkelrieds bekanntlich in dem Lied von Halbsuter. Darin ähnelt der Heros von Sempach einem „helvetischen Decius" (Décius helvétique), frei nach Titus Livius[3]. Und um die Historizität jener Nennung zu unterstreichen, zitiert Daguet den bekannten Historiker Karl Dändliker, der behauptete, daß die alten Sänger weder die Taten noch die Namen erfunden hätten[4].

Daguet wagt sich in gefährliches Gelände, indem er zu erklären sucht, weshalb viele Chroniken Winkelried nicht erwähnen: Justinger und Russ, Twinger von Königshofen und die Klingenberger Chronik[5].

Ohne die Einwände richtig zu widerlegen, entschließt sich Daguet Winkelried als historische Gestalt zu behalten, sans preuve décisive ni positive[6]. Die befürwortenden Schweizer Historiker, allen voran Theodor von Liebenau, hätten eben mehr Recht als die deutschen Zweifler.

---

[1] Daguet: Winkelried, 2: C'était à qui enlèverait une pierre de l'édifice à la gloire de nos ancêtres par le grand Landamman Egide Tschoudi, agrandi et modernisé par Jean de Müller et ses successeurs.
[2] Liebenau, Theodor von: Die Schlacht von Sempach. Gedenkbuch zur fünften Säcularfeier; Luzern 1886
[3] Daguet: Winkelried, 3
[4] Daguet: Winkelried, 5
[5] Der Verfasser hat dagegen herausgefunden, daß Johannes von Winterthur in seiner Chronik ebenfalls zwei anonym gehaltene Winkelried-Taten beschreibt. Bei diesen jedoch kämpft der Held im Dienste der Herzöge von Österreich gegen Bern! - Vergleiche: Pfister, Christoph: Die alten Eidgenossen. Die Entstehung der Schwyzer Eidgenossenschaft im Lichte der Geschichtskritik und die Rolle Berns; Norderstedt
[6]) Daguet: Winkelried, 8

Wieder nimmt Daguet das Schweigen der meisten Chroniken zu Winkelried auf und erklärt es damit, daß verschiedene Elemente der Geschichte von Sempach erst später und über die mündliche Tradition in die Historiographie geflossen seien.

Die verschiedenen Winkelried-Elemente in verschiedenen Geschichten verraten eine einheitliche erzählerische Matrix. Daguet jedoch lehnt dieses Argument ab:

La manie de nier un fait parce qu'il se renouvelle dans l'histoire d'un peuple est identique à celle qui consiste à rejeter un événement parce qu'il se trouve dans les annales d'une autre nation[1].

Deshalb kritisiert Daguet am Schluß auch den Berner Professor Ferdinand Vetter, der quellenkritische Belege gegen die Heldentat Winkelrieds vorbrachte.

Und gleich vorher versucht der Forscher den Berner Historiker Moritz von Stürler und sein Axiom der „materiellen Wahrheit der Geschichte" zu widerlegen. Stürler hatte in einem Brief an Joseph Eutych Kopp geschrieben, daß man eines Tages die hoch verehrten Bildnisse nicht nur von Wilhelm Tell von der Wand abhängen müsse, sondern auch diejenigen von Arnold von Winkelried und von Rudolf von Erlach[2].

Die *Histoire de la ville et seigneurie de Fribourg*

Daguets Stadtgeschichte von Freiburg[3] - sein letztes größeres Werk - fügt sich nahtlos in die übrigen historiographischen Arbeiten des Autors ein.

Typisch an diesem Buch von 187 Seiten ist zuerst wie in seiner Schweizergeschichte die in die Vorgeschichte ausholende Schilderung der Anfänge.

Daguet nennt mehrere Jahrhunderte vor Christus die Pfahlbauer am Neuenburger und am Murtensee.

---

[1] Daguet: *Winkelried*, 10
[2] Daguet: *Winkelried*, 11
[3] Daguet, Alexandre: *Histoire de la ville et de la seigneurie de Fribourg des temps anciens jusqu'à son entrée dans la confédération suisse en 1481* ; Fribourg 1889

Als erstes faßbares Volk sieht Daguet wie üblich die Helvetier, welche nach ihm eine Schwurgenossenschaft aus vier Stämmen bildeten und schon damals Aventicum als Hauptstadt gehabt hätten.

Bei den Helvetiern nennt Daguet ein paar noch heute interessierende Einzelheiten: Man hätte Steine kultisch verehrt, beispielsweise den Findling von Pierrafortscha bei Marly. Und die Druiden seien Eichenmänner (*hommes des chênes*) genannt worden[1].

Bei den zähringischen Anfängen Freiburgs und der Handfeste von 1249 beginnt Daguets flüssige Erzählung der mittelalterlichen Geschichte der Stadt.

Bemerkenswert sind etwa die Details des Krieges zwischen den Savoyern und Rudolf von Habsburg:

Rudolf hätte Payerne 1283 sieben (!) Monate belagert. Auch Murten sei belagert worden. Dabei sei der deutsche Herrscher in den See gefallen und fast ertrunken[2]. – Von einer Schlacht bei Murten jedoch meldet Daguet im Unterschied zum Baron d'Alt nichts.

Außergewöhnlich früh in seiner Darstellung widmet Daguet der Tuchmacherei in Freiburg ein eigenes Kapitel[3].

Allgemein sieht Daguet eine territoriale Entwicklung Freiburgs, die parallel ging mit dem Ausbau der Stadt und der Erweiterung seiner Wehrmauern.

Die detaillierte Erzählung verhüllt die Tatsache, daß sich die Darstellung bereits um die Seite 80 der Vorgeschichte der Burgunderkriege, also der Zeit nach 1440 nähert.

Daguet schildert die geschichtlichen Ereignisse getreu den damals zugänglichen Quellen und Darstellungen.

Kritische Äußerungen finden sich ab und zu, zum Beispiel wenn Daguet die Zahl von 1000 massakrierten Einwohnern von Estavayer bei der Eroberung des Städtchens 1475 als übertrieben kritisiert[4].

[1] Daguet: *Ville de Fribourg*, 2
[2] Daguet: *Ville de Fribourg*, 27
[3] Daguet: *Ville de Fribourg*, 39 f.
[4] Daguet: *Ville de Fribourg*, 148

Den Friedenskongreß von Freiburg im Sommer 1476 hält Daguet mit den Worten von Dändliker für die glänzendste und größte Versammlung, welche die Stadt je beherbergt habe[1].

Die Aufnahme Freiburgs in den Bund der Eidgenossen wird ausführlich widergegeben. Dabei betont Daguet gegen Schluß, daß in dieser Geschichte die Zweisprachigkeit des Standes nie eine Rolle spielte. Jedoch wird die Germanisation von Freiburg nach 1481 besprochen.

Daguet schließt seine Stadtgeschichte mit Bemerkungen, welche für die ganze Eidgenossenschaft am Ende des 15. Jahrhunderts zutreffen: Die Gier nach Beute hätte das Arbeitsethos untergraben, gleich wie die Solddienste und die beginnenden Religionskämpfe.

Als vornehmlichste Quelle für Daguets Werk über die Freiburger Geschichte ist die Guillimann zugeschriebene, handschriftlich erhaltene Chronik anzusehen[2].

Für die Zwecke der Geschichtsanalyse stellt Daguets Geschichte der Stadt Freiburg sicher eine Grundlage dar.

Vor allem ist Daguets Freiburger Geschichte der erste Versuch, das historiographische Bild, welches Jean-Nicolas Berchtold geprägt hat, zu überwinden[3].

Daguet zwischen historischer Kritik und geschichtlich fundiertem Patriotismus

Daguets Betrachtungen zur Winkelried-Frage zeigen den gealterten Historiker als einen Gelehrten, der im Namen der nationalen Ehre jede Kritik an den Quellen verneint. Die Ausführungen von 1883 belegen damit das zunehmende Übergewicht der patriotischen Tendenzen in der Schweizer Historiographie der zweiten Hälfte des 19. Jahrhunderts. Der „Wille zur Geschichte" (Sascha Bindschedler) nimmt Oberhand.

Vergleicht man die patriotische Betrachtungsweise des Winkelried-Artikels mit der fast vierzig Jahre vorher erschienenen Analyse der Affäre Arsent aus der Freiburger Geschichte, so ergibt sich, daß Da-

---

[1] Daguet: *Ville de Fribourg*, 168

[2] Guillimann : *Chronik*; Stiftsbibliothek Einsiedeln, Codex 436

[3] Vgl. darüber: Python, Francais: *Les histoires du canton de Fribourg aux XIX. et XX. siècles. Miroirs d'un monopole francophone?* In: *Freiburger Geschichtsblätter*, 70(1993), 88 f.

guets historisches Denken keinen Fortschritt gemacht hat. Im Gegenteil wurden kritische Ansätze zurückgenommen.

Die dazwischen liegenden historischen Arbeiten Daguets, die hier berücksichtigt wurden, machen deshalb einen zwiespältigen Eindruck.

Einerseits bemüht sich Daguet, möglichst viele Meinungen zu einem Gegenstand heranzuziehen. Das zeigen etwa die Arbeiten über Aventicum und über die Burgunderkriege, ebenso die detaillierte Biographie von Franz Guillimann.

Aus den Untersuchungen Daguets ergibt sich selten ein kohärentes Bild des Gegenstandes: Das biographische Porträt Guillimanns wirkt zerrissen. - Die angebliche Geschichte von Aventicum mutet wie ein Alptraum an. Die alte Geschichte Helvetiens bis ins Hochmittelalter bleibt bruchstückhaft.

Besonders stört die mangelnde Kritik gegenüber den chronikalischen Quellen. Man staunt, wie an vielen Orten gewaltige chronologische Klüfte zwar erwähnt, aber nirgends diskutiert werden.

Alexandre Daguet ist deshalb kaum der kritischen Geschichtsforschung des 19. Jahrhunderts zuzurechnen: *Ihm schwebte die Pflicht vor, das Wunschbild von der nationalen Vergangenheit gegen die Angriffe der kritischen Richtung zu verteidigen*[1].

Ebenso wie Berchtold – der sicher anfänglich die Rolle eines historischen Mentors spielte – behält Daguet einen Rang als wichtiger Freiburger und damit Schweizer Historiker des 19. Jahrhunderts. Beide genannten Forscher haben sich nicht durch besondere originale Ideen hervorgetan. Aber sie haben auf Themen hingewiesen, welche die nachfolgende und die Deutschschweizer Historiographie ausließen.

Am Deutlichsten wird dies bei Daguets Betrachtungen über die Burgunderkriege. Fast ungewollt spannt der Forscher seinen Rahmen bis hin zu Ludwig XIV. und den fremden, vornehmlich französischen Kriegsdiensten.

Vielleicht ist es nämlich so, daß nicht so sehr die angeblichen Kriege gegen Karl den Kühnen bestimmend für die Alte Eidgenossenschaft und besonders für Freiburg und die übrigen Westschweiz wurden,

---

[1] Feller/Bonjour, op.cit., II, 726

sondern die Politik jenes französischen Königs an der Wende zwischen dem 17. und 18. Jahrhundert.

Eine erweiterte und vertiefte Untersuchung über den Themenkreis Frankreich und die Westschweiz gemäß den genannten zwei Freiburger Historikern würde sicher ein anderes Bild der Entstehung der alten Schweiz vor 1798 ergeben.

Ebenso ist es angebracht, die „helvetischen" Historiker Freiburgs, also den erwähnten Franz Guillimann mit seinem Werk *De rebus Helvetiorum* und den Baron François d'Alt mit seiner *Histoire des Helvétiens* zu studieren. – Eine Betrachtung dieser beiden chronikalischen Quellen wird in der freiburgischen Geschichte und Geschichtsschreibung andere Akzente setzen.

Die übrigen historiographischen Vorbilder und Einflüsse wären für eine gerechte Würdigung von Daguet zu berücksichtigen. Albert Büchi zählt neben Johannes von Müller die Westschweizer Geschichtsschreiber Louis Vuillemin (1797 – 1897) und Charles Monnard (1790 – 1865) auf, aber auch Josef Anton Henne (1798 – 1870) aus Sankt Gallen.

Der Einfluß von Heinrich Zschokke (1771 – 1848) auf Daguet soll im Rahmen einer Untersuchung über die *Histoire de la Confédération suisse* behandelt werden.

Die Histoire des Helvétiens des Barons François-Nicolas d'Alt

Anmerkungen zur Biographie

Die erste Kantonsgeschichte von Freiburg durch Nicolas Berchtold gegen die Mitte des 19. Jahrhunderts ließ den Wunsch nach einem Vergleich mit wichtigen älteren erzählenden Quellen der Darstellung wach werden.

Da besonders die neuere Zeit, also das 17. und 18. Jahrhundert, bei Berchtold merkwürdig leer erscheint, interessiert der Baron d'Alt als Verfasser eines um 1750 erschienenen Geschichtswerkes – im Grunde die einzige gedruckte Geschichte aus Freiburg vor 1798.

Jean-François-Nicolas d'Alt hat die Lebensdaten 1689 bis 1770[1]. – Aber an dem frühen Geburtsjahr, damit der erstaunlich langen Lebenszeit, darf gezweifelt werden.

Gebürtig soll d'Alt aus dem Greyerzerland sein. – In jungen Jahren habe er in der Schweizergarde in Paris, dann in Österreich als Offizier gedient. Zur gleichen Zeit aber sei er in den Rat der Zweihundert aufgenommen worden.

Nach dem Verlassen der ausländischen Kriegsdienste habe d'Alt endgültig eine politische Laufbahn eingeschlagen, die ihn über die Mitgliedschaft des Rates der sechzig bis in die oberen Gremien des Standes Freiburg gebracht hätte.

Verläßlich wird d'Alts Biographie jedoch erst in den 1730er Jahren. Nicht von ungefähr beginnt Georges Andrey die Chronologie des Magistraten mit 1737, dem Datum, an welchem er das Schultheißen-Amt antrat[2]. Dieses hat d'Alt bis zu seinem Tod in Alternanz mit Ignaz Gady (1717 – 1793) ausgeübt.

---

[1] Die Kurzbiographie von François-Nicolas d'Alt findet sich in: *Historisches Lexikon der Schweiz*, I, 251. Ferner bei: Bosson, Alain: *Le Fribourg du Baron d'Alt au miroir des encyclopédies: quelques éclairages historiographiques*; in: Freyburg auch Fryburg - Fribourg en Suisse, ou Freybourg ; Fribourg 2007, 61 - 63

[2] Georges Andrey : La „Ville et République" de Fribourg sous le règne du baron d'Alt (1737 – 1770). Essai sur les Lumières patriciennes. In: *Annales Benjamin Constant*, 18/19 (1996) 205 – 228, 228.

Abbildung 1: Baron François-Nicolas d'Alt: Porträt in Öl

Bild eines unbekannten Meisters

Reproduktion mit freundlicher Genehmigung des Museums für Kunst und Geschichte Freiburg.

D'Alt ist nach Andrey *le personnage phare des Lumières patriciennes*[1]. Er steht für eine obrigkeitlich gelenkte Aufklärung.

Der Baron d'Alt selbst spricht am Anfang seines Geschichtswerkes von dem *siècle si éclairé*[2]. Und die Besprechung des Werkes zeigt sehr wohl den Einfluß des neuen Zeitalters.

Neben seiner Geschichtsdarstellung stellen seine persönlichen Aufzeichnungen, die *Hors d'œuvres*, eine Quelle für das Leben und die Zeit des Baron d'Alt dar – doch auch dort nur für die Zeit ab den späten 1730er Jahren[3].

Neben Georges Andrey hat neuerdings Alain Bosson versucht, Leben und Wirken des Baron d'Alt zu skizzieren[4].

In Freiburg war die Epoche von d'Alt unter anderem gekennzeichnet durch die Tendenzen der Physiokratie, der Auseinandersetzung mit der Freimaurerei[5], die Gründung einer Akademie 1763, die Verbesserung des Verkehrswesens und der Landwirtschaft.

Das zweite Drittel des 18. Jahrhunderts bedeutete den Höhepunkt der freiburgischen Aufklärung[6]. Aber d'Alts Geschichtswerk soll bereits vorher erschienen sein. - Die Chronologie dieses geistigen Prozesses ist nicht eindeutig zu bestimmen.

Das Geschichtswerk des Baron d'Alt in seinen allgemeinen Zügen und wichtigsten Einzelheiten

Das Geschichtswerk des Baron d'Alt trägt als vollständigen Titel:

Histoire des Helvétiens, aujourd'hui connus sous le nom de Suisses ou Traité sur leur origine, leurs guerres, leurs alliances & leur gou-

---

[1] Andrey: *Fribourg sous d'Alt*, 226

[2] D'Alt: *Histoire des Helvétiens*, I (Fribourg 1749), préface, 1

[3] Die *Hors d'œuvres* des Baron d'Alt sollen ursprünglich sieben Bände umfaßt haben. Vier Bände befinden sich in der Kantons- und Universitätsbibliothek Freiburg, zwei im privaten Familienarchiv der Diesbach. Ein Band soll verloren sein. – Von diesem Werk sind Auszüge in den *Nouvelles Etrennes fribourgeoises* veröffentlicht worden: 1874, 64 – 69; 1875, 70 – 75; 1876, 101 – 107; 1877, 36 – 38; 1878, 35 – 38; 1879, 52 – 57.

[4] Bosson, Alain: *Le Fribourg du baron d'Alt au miroir des encyclopédies: quelques éclairages historiographiques.* In: *Freyburg auch Fryburg (Fribourg en Suisse, ou Freybourg).* Stadtansichten aus dem Zeitalter der Aufklärung (Vues de la ville au temps des Lumières), Fribourg 2007, 59 ff.

[5] Vergleiche hierzu: *La franc-maçonnerie à Fribourg et en Suisse du 18ème au 20ème siècle*; Genève – Fribourg 2001

[6] Andrey: *Fribourg sous d'Alt*, 213

vernement par M. le Baron d'Alt de Tieffenthal, avoyer de la ville & république de Fribourg & commandant général du militaire.

Das Werk ist in Freiburg erschienen und nennt als städtischen Drukker Henri Ignace Nicomède Hautt.

Die ersten vier Bände tragen das Erscheinungsjahr 1749, der fünfte bis siebte Band 1751, der achte und neunte 1752, der zehnte 1753[1].

Jeder Band enthält am Schluß ein detailliertes Stichwortverzeichnis.

Der eigentlichen Geschichte setzt der Autor ein ausführliches Vorwort (*préface*) vor. Schon dieses enthält wichtige Gedanken und Fakten.

Zuerst bezeichnet d'Alt seine Zeit *un siècle si éclairé*[2]. – 1749 also scheint das Bewußtsein der Aufklärung auch Freiburg erreicht zu haben.

Darauf nennt der Baron d'Alt die Quellen für seine Darstellung. Als Gewährsleute nennt er zuerst Simler, dann den älteren und jüngeren Stettler aus Bern.

Vom Titel, Umfang und der fortlaufenden Darstellung her hat d'Alt als unmittelbares Vorbild die *Genaue und umständliche Beschreibung Helvetischer Geschichte* von Jakob Lauffer, erschienen angeblich postum 1736 – 1739 in achtzehn Teilen.

Der Freiburger Verfasser spielt darauf an. Als Motiv für sein Werk nennt der Baron d'Alt eine ähnliche helvetische Geschichte auf Französisch zu schreiben[3].

Auch Ägidius Tschudi hätte er konsultiert. Dieser behandle die Dinge *plus amplement & avec plus de chronologie; mais avec peu de liaison*[4].

Zusätzlich behauptet der Autor, Familienarchive und das Archiv der Staatskanzlei benützt zu haben.

---

[1] Von d'Alts Werk ist 1783 in Neuenburg ein Nachdruck erschienen, allerdings nur der erste Band: *Histoire des Helvétiens, connus aujourd'hui sous le nom de Suisses, par feu M. le baron d'Alt, advoyer de Fribourg. Revue & corrigée par M***.* Die Durchsicht des Werkes aber zeigt, daß d'Alt für den Anonymus nur die Grundlage bildete für ein eigenes historisch-topographisches Werk über die alte Schweiz.

[2] Alt: *Histoire*, préface

[3] Alt: *Histoire*, préface

[4] Alt: *Histoire*, préface

Hierauf spricht d'Alt schon allgemeine geschichtliche Themen an. Er nennt die Allianzen mit Frankreich und dem Hause Habsburg.

Besonders spricht d'Alt den Adel an. Dieser sei in der Schweiz nicht vollständig vernichtet worden. Man hätte jedoch viele Burgen zerstört, weil sie von kleinen Tyrannen und Wegelagerern bewohnt gewesen seien[1].

Aber die meisten Burgen hätten die Rächer des deutschen Kaisers Albrecht I. zerstört.

Schließlich charakterisiert d'Alt die Eidgenossenschaft im Allgemeinen: Es gebe darin Unterschiede in den Verfassungen, welche aber dem Ganzen nicht schadeten[2]. Das Leitmotiv des Helvetischen Bundes sei das *Quique suum*[3].

Unterschiede zwischen der Deutsch- und Welschschweiz gebe es. Aber das Schweizer Volk lebe in einer Art prästabilierter Harmonie:

Au reste le peuple en Suisse (à parler en général) est courtois, humain & d'une politesse égale à celle des autres Nations. ... La vie est douce en Suisse surtout pour le labourer, qui n'est tenu qu'à la culture des ses terres[4].

Der erste Band widmet sich dem Ursprung der Helvetier und der hochmittelalterlichen Bundesgründung.

Hier widerspricht d'Alt dem Gemeinplatz von der Einfalt der Schweizer: Die Rauheit ihrer Berge sei kein Hindernis für Manieren, Humanität und Bildung[5].

Stadt und Landschaft Freiburg werden beschrieben. Dabei hebt der Autor hervor, wie die bernischen Zölle den Freiburger Handel behinderten.

Zur ständischen Ordnung sagt der Baron d'Alt: Das Kleinbürgertum habe kein Recht auf Souveränität. Diese gehöre allein einigen alten und patrizischen Familien. – Die Zahl der adeligen Familien nehme jedoch ständig ab. Als müsse man von Zeit zu Zeit neue Geschlech-

---

[1] Alt : *Histoire* ; préface

[2] Alt: *Histoire*, préface: *La différence du gouvernement dans les cantons n'altère en rien celui du corps Helvétique en général.*

[3] Alt: *Histoire*, préface

[4] Alt: *Histoire*, préface

[5] Alt: *Histoire*, I, 9

ter aufnehmen, wenn man nicht riskieren wolle, daß die Herrschaft in Despotismus abgleite[1].

Die Gründungsgeschichte der Waldstätte beschreibt d'Alt ausführlich. Dabei nennt er Gessler einen lasterhaften und grausamen Tyrannen[2] und zählt zwölf Verschworene, die sich am 17. Oktober 1307 auf dem Grütli versammelt hätten[3].

Das Jahr 1315 war nach d'Alt glücklich für die Schweizer, aber unglücklich für Deutschland. Ein Dauerregen soll dort Hungersnot, Teuerung und Pest bewirkt haben.

Der Autor weiß auch, weshalb Helvetien von dieser Ungemach verschont blieb: Es war die höher gelegene Lage, die bessere Luft, die geringere Bevölkerung und die Viehwirtschaft[4].

Das Inhaltsverzeichnis jedes Bandes ist zusätzlich zum Text in die Beurteilung des Werkes einzubeziehen.

So wird im zweiten Band, bei der Schlacht bei Sempach bemerkt: *Autrichiens, manquent de résolution dans les guerres qu'ils entreprennent contre le Corps Helvétique*[5].

Wie eng Freiburg mit Bern verbunden war, zeigt d'Alts Lob für das bernische Regiment schon des Spätmittelalters[6].

Ebenfalls vermerkt d'Alt mit Bewunderung die Schnelligkeit der Berner: Nach der Schlacht bei Laupen hätten diese eine Stadterweiterung durchgeführt und in nur achtzehn Monaten beendet.

Besonders seit dem Ende des 15. Jahrhunderts wird die helvetische Geschichte in auffälliger Weise europäisch.

Die Tendenz verrät sich erstmals dort, wo auf zehn Seiten die vergebliche Belagerung von Rhodos durch die Türken im Jahre 1485 geschildert wird[7].

Der französische König Ludwig XI. erhält in Alts Geschichtswerk einen Platz, der nach Gründen fragen läßt. – Und jener Herrscher wird in Schutz genommen: Nicht Ludwig, sondern sein regierender Vater

---

[1] Alt: *Histoire*, I, 80
[2] Alt: *Histoire*, I, 227
[3] Alt: *Histoire*, I, 233
[4] Alt: *Histoire*, I, 316
[5] Alt: *Histoire*, II, table des matières
[6] Alt: *Histoire*, II, 26. Ein ähnliches Lob bereits II, 10.
[7] Alt: *Histoire*, V, 173 - 183

habe die Schlacht bei Pratteln 1444 angezettelt. Der Dauphin habe nur Befehle ausgeführt[1].

Da der Baron d'Alt dem 18. Jahrhundert angehört, würde mehr interessieren, was er zum Beispiel von Ludwig XIV. hält. Dieser wird jedoch nur an zwei Stellen genannt und an einer als *chaste, bon, juste, pieux, mais timide*[2] charakterisiert.

Einen Gegensatz zwischen Ost- und Westschweiz erkennt der Autor. Aber daß diese sich 1481 gegen eine Aufnahme Freiburgs und Solothurns in den Schwyzer Bund wehrten, versteht d'Alt nicht: *L'appréhension chez les Démocratiques était une crainte frivole*[3].

Auch wenn die europäische die schweizerische, und die Freiburger Geschichte überwiegt, so werden doch ein paar wichtige Themen von Alts Heimatstadt besprochen.

Hier interessiert des Autors Meinung, Schultheiß François d'Arsent trage keine Schuld: *Il fut l'innocente victime de la politique & de l'intérêt des Princes*[4].

Bei der Reformation vertritt d'Alt wie selbstverständlich den katholischen Standpunkt und spricht dies in deutlichen Worten und Bemerkungen aus:

Besonders Calvin, *ce fameux hérésiarque*[5] scheint es d'Alt angetan zu haben: *Les suites horribles de la doctrine de Calvin ne condamnent pas moins les Luthériens que les Calvinistes*[6].

Zwingli wird als Parallele zu Mohammed gesehen und beurteilt: *Zwingle (!) comme Mahomet voulait cimenter la nouvelle doctrine par le sang humain*[7].

Die Reformation entzündete sich bekanntlich an dem Ablaßhandel. Alt kritisiert dabei sowohl die Orden der Dominikaner wie der Augustiner.

Jedoch sieht der Autor wegen dieses Mißstandes keinen Grund für die Reformation und widerspricht damit Protestanten wie Stettler, Lauffer und Ruchat. Diese Geschichtsschreiber hätte in dieser Ange-

---

[1] Alt: *Histoire*, IV, 10
[2] Alt: *Histoire*, X, 586. Vgl. auch X, 598 f.
[3] Alt: *Histoire*, V, 188
[4] Alt: *Histoire*, VI, 443
[5] Alt: *Histoire*, VI, 340 f.
[6] Alt: *Histoire*, VII, 266
[7] Alt: *Histoire*, VIII, 188

legenheit das Unterscheidungsvermögen (*distinction*) verlassen und sich dem Geist der Zügellosigkeit (*l'esprit du libertinage*) verschrieben[1].

Den Reformierten hält der Baron d'Alt das Beispiel von Bernhard von Clairvaux entgegen: Dieser hätte die Reform besser und mit mehr Mäßigung vertreten[2].

Als einzelnes Beispiel erwähnt der Verfasser Farel, den Pfarrer von Aigle. Mit seinem Tolerantismus (*tolérantisme*) habe er der Reformation in Europa zu ihrer staunenswerten Ausbreitung verholfen[3].

Die Glaubenspaltung scheint für d'Alt bereits im späten Mittelalter bestanden zu haben: Bei der Geschichte von Jan Hus werden als Parteien die Katholiken und Protestanten genannt[4].

Und ebenfalls bereits in jener Zeit werden Heerführer wie Rudolf von Erlach von d'Alt als Generäle bezeichnet.

Die Neuzeit kündigt sich an, indem freiburgische Patriziergeschlechter auf europäischen Kriegsschauplätzen genannt werden: die de Montenach, die Von der Weid, de Weck, Techtermann, Python und Castella.

Aber das Freiburger Geschlecht, dem die Ehre der ersten Erwähnung zukommt ist – fast natürlich, würde man sagen – die Familie von Alt: Bei den Mailänder Kriegen war ein Peter d'Alt Kommandant in Italien. Als solcher habe er die Festungswerke von Castiglione Milanese (*Castrum Stibiconis*), von Lugano und Locarno zerstört[5].

Überhaupt ist d'Alts Darstellung der eidgenössischen Geschichte nach den Burgunderkriegen bis nach den Mailänderkriegen sehr ausführlich – auch in der Behandlung der fremden Kriegsdienste und des Pensionenwesens. Und jene Zeiten werden als moralischer Tiefgang des Schweizer Bundes begriffen:

Les mœurs innocentes commençaient à se corrompre; la simplicité helvétique faisait insensiblement place à la dépravation des étrangers & les Suisses avaient déjà trop goûté des délices de Capue[6].

---

[1] Alt: *Histoire*, VII, 226
[2] Alt: *Histoire*, VII, 227
[3] Alt: *Histoire*, VII, 574
[4] Alt: *Histoire*, III, 14
[5] Alt: *Histoire*, VI, 541. – Die Einzelheiten spielen auf den eidgenössischen Winterfeldzug gegen Süden im Jahre 1511 an.
[6] Alt: *Histoire*, V, 246

Der Verfall der öffentlichen Moral ist für den Baron d'Alt deshalb der wahre Grund für die Irrtümer des Calvinismus, Zwinglianismus und Lutheranismus.

Die nachreformatorische Zeit wird in der *Histoire des Helvétiens* zwar ausführlich behandelt, verliert aber zusehends an Dichte und Farbe.

Einige Punkte sind dort hervorzuheben.

Der katholische Standpunkt des Baron d'Alt ist seiner aufrichtigen eidgenössischen Gesinnung untergeordnet. Also behauptet der Autor etwa, daß der Goldene Bund der katholischen Orte von 1586 sich nicht gegen die Schwurgenossenschaft gerichtet habe[1].

Den Bauernkrieg von 1653 nennt d'Alt einen *guerre des rebelles*[2].

Als regimentsfähiger Patrizier verurteilt der Baron auch die sonstigen Aufstandsversuche gegen die rechtmäßige Herrschaft. Also urteilt er scharf gegen den Major Davel und sein *fameux & criminel projet de soustraire tout le pays de Vaud à la domination de l'Etat de Berne*[3].

Besonderheiten in d'Alts Geschichtsdarstellung

Die Helvetier-Geschichte des Baron d'Alt ist eines der wenigen gedruckten Werke aus dem Freiburg des 18. Jahrhunderts – wie schon gesagt. Und neben den handschriftlich überlieferten *Hors d'oeuvres* stellen sie ein wichtiges Zeugnis für das kulturelle und geistige Leben der Stadt am Beginn der zweiten Hälfte des 18. Jahrhunderts dar[4].

Des Baron d'Alts Geschichtswerk liest sich trotz seines Umfangs flüssig. Und obwohl er im Vorwort behauptet, daß die französische Sprache für ihn eine Hürde darstelle[5], ist auch der sprachliche Ausdruck geglättet.

Schon dadurch hebt sich die *Histoire des Helvétiens* deutlich ab von den oft zähflüssig formulierten und überstrukturierten Geschichts-

---

[1] Alt: *Histoire*, IX, 437
[2] Alt: *Histoire*, X, 602
[3] Alt: *Histoire*, X, 672
[4] Vergleiche hierzu: Maradan, Evelyne/Uldry, Jean-Pierre : *Sources et conditions de la vie culturelle et intellectuelle au temps des Lumières dans le canton de Fribourg (1750 – 1798)* ; in : Annales Benjamin Constant 18-19(1996), 21 – 36 – Andrey, Georges : *Fribourg au 18ème siècle: les Lumières patriciennes,* in : *La franc-maçonnerie à Fribourg et en Suisse*, op.cit. 33 - 35
[5] Alt: *Histoire*, I, préface

werken der eben vergangenen Zeit der Chroniken. Zwischen dem Baron d'Alt und Guillimann liegen Welten, obwohl die beiden vielleicht nur eine knappe Generation entfernt sind.

Das Urteil über seine Zeit als ein *siècle si éclairé* wurde bereits genannt. Tatsächlich markiert der Baron d'Alt den endgültigen Beginn der Aufklärung in der Eidgenossenschaft und in Freiburg.

Allerdings stützt sich d'Alts Darstellung auf die vorherigen Geschichtsschreiber und ihre Tendenzen. Also übernimmt er bei vielen Ereignissen geschichtstheologische Topoi von Vergänglichkeit, Verfall und göttlichem Gericht – und auch konfessionelle Polemik.

Beispielsweise urteilt er über den protestantischen Geschichtsschreiber Ruchat im Inhaltsverzeichnis des zehnten Bandes mit folgenden Worten:

Impiété, ses folles idées sur la Religion Romaine, son infidélité dans un passage de son histoire, son sophisme sur l'infaillibilité du Pape, rapporte mal à propos que la nouvelle doctrine fut prêchée à Fribourg, son idée sur la Diette de Baden[1].

Und ausführlich wird der *Sacco di Roma* beschrieben. Dabei ruft d'Alt am Schluß aus:

Ce fut ainsi, que DIEU [sic!] par ses décrets impénétrables, mais toujours justes, châtia la ville de Rome[2].

Und bei der großen Pest im 14. Jahrhundert habe sich der göttliche Zorn gegen das Menschengeschlecht gewandt[3].

Aber die Auseinandersetzung mit aufklärerischen Ideen macht sich in der *Histoire des Helvétiens* an mehreren Stellen bemerkbar.

An einer Stelle wird bereits Rousseau erwähnt[4]. – Allerdings wird nicht deutlich, ob damit der Philosoph und Schriftsteller gemeint ist.

Aber gegen Voltaire bezieht der Baron d'Alt deutlich Stellung.

Aus dem zehnten Gesang der *Henriade* von Voltaire zitiert der Autor den auf die alten Eidgenossen gemünzten Vers:

Barbares, dont la guerre est l'unique métier et qui vendent leur sang à qui veut payer[5].

---

[1] Alt: *Histoire*, X, table des matières
[2] Alt: *Histoire*, VIII, 18
[3] Alt: *Histoire*, III, 47
[4] Alt: *Histoire*, V, 214
[5] Alt: *Histoire*, IX, 502

Bei dieser Passage habe der Philosoph nicht genug überlegt und auch sonst zu viele gekrönte Häupter und besonders das Haus Habsburg kritisiert, sagt d'Alt unter Berufung auf dessen *Mémoires pour servir à l'histoire de Brandebourg*.

Die Ereignislosigkeit des 17. und besonders der ersten Hälfte des 18. Jahrhunderts tritt bei d'Alt deutlich hervor. Grundsätzlich reicht die Darstellung bis 1752, wo er einen Artikel aus dem *Mercure de France* über Lord Bolingbroke zitiert[1].

Als eines der letzten historischen Ereignisse wird das Jahr 1742 vermerkt. Damals hätten die Spanier Genf bedroht, da sie über den Léman und das Wallis ins Piemont vorrücken wollten[2]. Die Berner und Freiburger waren alarmiert und konferierten in Murten. Dabei habe auch der Baron d'Alt teilgenommen[3].

Einige Ereignisse der jüngeren Vergangenheit werden in Form von kühnen chronologischen Klammern zwischen Mittelalter und Neuzeit erwähnt.

So erwähnt d'Alt den Stadtbrand von Bern 1405. Dabei hätten die Freiburger den Bernern jede erdenkliche Hilfe geleistet. – Die Berner vergalten es ihren Nachbarn, indem sie ihnen bei dem Stadtbrand von 1737 halfen![4]

Und von der späten Zeit des französischen Königs Karl V. springt d'Alt über zur Eroberung der Freigrafschaft 1668. Dabei nennt er den Eroberer Ludwig XIV. einen großen König[5].

Die wichtigen erzählenden Quellen des Baron d'Alt wurden bereits genannt. Es sind die beiden Stettler von Bern, Jakob Lauffer und Ägidius Tschudi. Diesen aber widerspricht er häufig, besonders natürlich bei der Diskussion über die Ursachen und die Notwendigkeit der Reformation[6].

Auch Geschichtskritik findet sich da und dort.

Beispielsweise sollen die Freiburger nach der Schlacht bei Sempach bis vor die Tore Berns vorgedrungen sein. D'Alt behandelt das an-

---

[1] Alt: *Histoire*, X, 692

[2] Diese Geschehnisse gelten als Randereignisse des Österreichischen Erbfolgekrieges und werden heute auf das Jahr 1743 datiert. Vgl. *Handbuch der Schweizer Geschichte*, Zürich 1972, II, 705

[3] Alt: *Histoire*, VIII, 374 f.

[4] Alt: *Histoire*, II, 388

[5] Alt: *Histoire*, VIII, 449

[6] Alt: *Histoire*, VII, 226

gebliche Ereignis und stellt es den drei genannten Geschichtsschreibern gegenüber.

Im Inhaltsverzeichnis wird der Autor deutlicher: Er hält den Vorstoß
der Freiburger nach Bern von 1386 für eine Wiederholung von Geschehnissen von 1339[1].

Ebenfalls berichtet d'Alt unter Berufung auf Lauffer von einem Krieg
in Helvetien zwischen dem Grafen Philipp von Savoyen und dem
Reich mit Rudolf von Habsburg im Jahre 1283. Dabei sei es zu einer
entscheidenden Schlacht bei Murten gekommen.

D'Alt meint dazu, Lauffer habe dabei wohl Karl den Kühnen mit Rudolf von Habsburg verwechselt[2].

Anderseits schleppt der Baron d'Alt noch etliche historiographische
Besonderheiten seiner Vorgänger mit.

So datiert d'Alt den Helvetieraufstand in dem Dreikaiserjahr nach
dem Tode Neros in alter Manier auf 4020[3].

Die Schlacht von St. Jakob an der Birs heißt bei d'Alt die Schlacht
von Pratteln. Hier bringt er, getreu nach seinem Vorbild Ägidius
Tschudi, eine seitenlange Aufzählung der Gefallenen[4].

Freiburg und Bern waren seit der Mitte des 18. Jahrhunderts durch
eine Politik der friedlichen Koexistenz verbunden[5]. Für d'Alt spielt die
andere Konfession der großen Nachbarstadt keine Rolle. In seinem
Helvetier-Werk wie in seinen *Hors d'oeuvres* spricht er durchwegs
positiv und lobend von Bern.

Als Letztes muß dingend gefragt werden, ob das Werk des Baron
d'Alt um die behauptete Erscheinungszeit, also 1749 – 1753 plausi-
bel ist. Das Druckwerk von d'Alt ist nach Meinung des Verfassers
erst etwa in den 1780er Jahren entstanden.

Die erwähnten *Hors d'oeuvres* von d'Alt wollen beweisen, daß das
Helvetier-Werk seit den 1740er Jahren im Tun war.

---

[1] Alt: *Histoire*; II, table des matières (unter: *Fribourgeois*)

[2] Alt: *Histoire*; I, 133. Über die Schlacht bei Murten 1283: Lauffer, Jacob: *Beschreibung helvetischer Geschichte*, T. 3, Zürich 1736, 107 f.

[3] Alt: *Histoire*; I, 45. D'Alt bringt hier ein Beispiel der Weltalter-Datierung (*ab
anno mundi*). Nach der *Chronologia Helvetica,* Tiguri 1735, 9 f. wäre jener
Aufstand etwa auf *anno mundi* 4040 anzusetzen, da die Geburt Christi dort
auf 3970 datiert wird.

[4] Alt: *Histoire;* IV, 7 ff.

[5] Andrey, Georges : *Fribourg au 18ème siècle*, in : *La franc-maçonnerie à Fribourg et en Suisse*, op.cit., 34

Sogar ein archivalisches Zeugnis für das Geschichtswerk des Baron d'Alt hat sich erhalten:

In einem Freiburger Ratsmanual wird mit dem Datum des 25. Augusts 1747 ein Brief von Hauptmann von Alt aus Marseille an den Rat der Stadt erwähnt. Darin bittet der Gesuchsteller, seine vaterländische Historie, die bereits bis zum 16. Jahrhundert gediehen sei, zu prüfen und zu bewilligen[1].

Auch wenn die *Histoire des Helvétiens* nachverschoben werden muß, so markiert sie den langsamen Beginn der sicheren Geschichte. Und sie beweist, daß alle wesentlichen alten Quellen damals bekannt und vorhanden waren.

Es ist vielleicht kein Zufall, daß genau im Jahr 1749 die Einrichtung des Freiburger Archivs behauptet wird.

Der Baron d'Alt und seine historiographische Beurteilung

Wie die übrigen hier besprochenen freiburgischen Historiographen gibt es nur wenige fundierte Urteile über den Baron d'Alt. Und diese fußen zu einem guten Teil auf älteren Schriftstellern.

Als erster würdigt Gottlieb Emanuel von Haller in seiner Helvetischen Bibliothek den Freiburger Historiker[2]. Er lobt d'Alt allgemein, kritisiert jedoch dessen Sprachfehler und die zu geringe Berücksichtigung der helvetischen Geschichte und derjenigen der einzelnen Kantone.

Haller mutmaßt auch, *daß nicht alles, was in diesem Werke stehet, ihm beyzumessen sey*[3], daß andere es manipuliert hätten.

Jean-Nicolas Berchtold als Demokrat kann naturgemäß an der *Histoire des Helvétiens* keinen Gefallen finden. Dessen ruhmreiche Erwähnung verschiedener Freiburger Patrizierfamilien mache d'Alt *avec une naïveté d'illusion, qui commande l'indulgence*[4],

---

[1] Staatsarchiv Freiburg; Ratsmanual, Nr. 298, p. 212 f.

[2] *Helvetische Bibliothek*, IV, Bern 1786, 262 f. - Der Beginn des Erscheinens von Alts Werk wird dort auf 1750 datiert. - Haller erwähnt auch zeitgenössische Würdigungen von Johann Jakob Gruner aus Burgdorf und von Zurlauben in seiner *Histoire militaire des Suisses au service de la France* (Teil 8, 236)

[3] *Helvetische Bibliothek*, op.cit., 263

[4] Berchtold, Jean-Nicolas: *Histoire du canton de Fribourg*, I, X

Friedrich von Mülinen erwähnt in seinem *Prodromus*[1] den Freiburger Geschichtsschreiber nur. Dagegen erlaubt sich Georg von Wyss eine durchgehend negative Beurteilung von d'Alts Werk:

Das Buch ist ungründlich, entbehrt der Quellenforschung, mischt oberflächlich viele unzugehörige Dinge ein; es ist mehr eine Schutzschrift für den Patriciat und den Katholicismus, als eigentliches Geschichtswerk[2].

Albert Büchi ist der einzige, welcher d'Alts Werk bei aller Kritik gerecht zu werden versucht: *Die Darstellung ist im Übrigen geschickt und anziehend. Beobachtungen und Reflexionen oft sehr zutreffend, zuweilen aber auch malitiös*[3].

Ungefähr zur gleichen Zeit erschien Fridolin Brülharts Überblick über die ältere Freiburger Literatur. Darin kritisiert der Autor Alts Weitschweifigkeit, dessen Abschweifungen und zu großes Vertrauen in die Quellen; hält ihm aber zu Gute, daß er einer der ersten gewesen sei, der auf Französisch eine Geschichte der Schweiz geschrieben habe[4].

Auffallend knapp ist das Urteil von Gaston Castella über d'Alt: Dieser bringe wenig über die Schweizer, doch einige Dinge über die Freiburger Geschichte[5].

Feller/Bonjour in ihrem Standardwerk über die Historiographie der Schweiz monieren bei d'Alt die Ausführlichkeit der Schilderungen, sehen eine Gefahr der Liebhabereien, und bei der helvetischen Frühgeschichte einen Mangel an wissenschaftlicher Kritik. Demzufolge fällt bei ihnen das zusammenfassende Urteil negativ aus:

An der Zeit, dem Stand der Forschung gemessen, nicht an der Gesinnung, ist sein Werk ein Rückschritt[6].

---

[1] Mülinen, Egbert Friedrich von: *Prodromus einer schweizerischen Historiographie*; Bern 1874, 2

[2] Wyss, Georg von: *Geschichte der Historiographie in der Schweiz*; Zürich 1895, 305

[3] Büchi, Albert: *Die freiburgische Geschichtsschreibung in neuerer Zeit* Freiburg (Schweiz) 1905, 5

[4] Brülhart, F(ridolin) : *Etude historique sur la littérature fribourgeoise depuis le moyen âge à la fin du XIx. siècle* ; Fribourg 1907, 89 ff.

[5] Castella, Gaston: *Histoire du Canton de Fribourg*, Fribourg 1922, 609

[6] Feller, Richard/Bonjour, Edgar: *Die Geschichtsschreibung der Schweiz vom späten Mittelalter bis zur Neuzeit*; II, Basel 1979, 534

74

In der Gegenwart hat Alain Bosson in einigen allgemeinen Zügen versucht, das Zeitalter des Baron d'Alt in Freiburg zu skizzieren[1]. Dabei weist er zu Recht darauf hin, daß es – von Georges Andrey abgesehen – keine tiefer gehenden Studien über das freiburgische 18. Jahrhundert gebe.

Tatsächlich stellt nicht nur die Freiburger, sondern allgemein die Schweizer Historiographie des 18. Jahrhunderts eine Terra incognita dar[2].

Bereits die ausführliche Inhaltsangabe von d'Alts Werk zeigt, daß die meisten erwähnten Beurteilungen zu kurz greifen.

Nachfolgend sollen ein paar typische Eigenschaften aus der *Histoire des Helvétiens* herausdestilliert werden.

Eindeutig stützt sich d'Alt auf erzählende Quellen. Seine eigene Behauptung, er habe auch private Archive und jenes der Kanzlei benutzt, läßt sich schwer nachweisen.

Eine kritische Haltung gegenüber seinen Gewährsleuten durchzieht das ganze Werk des Barons d'Alt. Dabei vergleicht er Tschudi mit den beiden Stettler und mit Lauffer, manchmal auch mit Schodeler, Ruchat und Hottinger. – Zudem erwähnt d'Alt auch historische Darstellungen, die gleichlaufend mit seinem Werk erschienen sind, zum Beispiel Bochat, Zurlauben und Leu.

Fast selbstverständlich glaubt d'Alt an die ganze ältere Geschichte. Auf deren Widersprüche stößt er allenthalben und artikuliert sie. Erwähnt wurden d'Alts Vorbehalte gegen eine angebliche Schlacht bei Murten 1283 und an einen freiburgischen Vorstoß gegen Bern 1386 nach der Schlacht bei Sempach.

Die Ausführlichkeit der Darstellung läßt nicht verbergen, daß die jüngeren Zeiten, auch Alts selbst erlebte Geschichte, merkwürdig leer bleiben. Hier zeigt sich erneut, wie die eben entstandene Geschichtszeit neben der Antike hauptsächlich ein Mittelalter und eine frühe Neuzeit darstellten. – „Zeitgeschichte" im heutigen Sinne existierte anfänglich nicht.

Der Baron d'Alt scheint diesen Hiatus zu spüren. Er behilft sich an einigen Stellen mit erstaunlichen chronologischen Klammern.

---

[1] Bosson, Alain: *Le Fribourg du Baron d'Alt,* op.cit., 58 - 66

[2] Vgl. darüber u.a.: Stadler, Peter: *Die historische Forschung in der Schweiz im 18. Jahrhundert*; Paris 1976 (Pariser historische Studien, Bd. 13) 296 - 313

So springt d'Alt von der späten Zeit von Karl V. über zur Eroberung der Freigrafschaft durch Ludwig XIV. 1688[1].

Bereits erwähnt wurde der Vergleich zwischen dem Stadtbrand von 1405 und dem Stadtbrand von Freiburg 1737[2].

D'Alt steht auf alle Fälle am Beginn der Historiographie im heutigen Sinne. Und diese schwankte schon anfänglich zwischen kritischer Grundhaltung und vaterländischer Gesinnung[3].

D'Alt und die fremden Kriegsdienste, damit eine Erklärung der alten Eidgenossenschaft im 18. Jahrhundert

D'Alts Biographie ist wie gesagt unzureichend zu fassen und für die erste Lebenshälfte als völlig verschleiert anzusehen.

Gleichwohl scheint eines klar zu sein: D'Alt war als Offizier in fremden Kriegsdiensten, besonders in Frankreich.

Zu den Solddiensten der Schweizer für das Ausland[4] äußert sich der Baron d'Alt an mehreren Stellen. Mehr noch: Sein Standpunkt in dieser Frage dient ihm als Rechfertigung für sein umfangreiches Geschichtswerk und liefert sogar eine *raison d'être* der Alten Eidgenossenschaft vor 1798.

D'Alt sieht nichts Verwerfliches im fremden Solddienst. Er kennt den Spruch *Point d'argent, point de Suisses* und entgegnet darauf, man könne ebenso gut sagen: *Point d'argent, point de troupes*[5].

D'Alts Antwort auf den Vorwurf von Voltaire, die Schweizer verkauften ihr Blut, wurde bereits zitiert.

Ebenfalls wehrt sich d'Alt gegen den Vorwurf, Schweizer Söldner seien besonders kostspielig: Die Schweizer Regimenter seien für die

---

[1] Alt: *Histoire*; VIII, 449 ff.

[2] Alt: *Histoire*; II, 388

[3] Vgl. darüber: Dürr, Matthias : *Zwischen kritischem Geist und geistigem Denkmalschutz: zur schweizerischen Historiographie in der zweiten Hälfte des 18. Jahrhunderts*; Freiburg 2005 (Lizentiats-Arbeit)

[4] Vgl. als erste allgemeine Einführungen in die Thematik der fremden Kriegsdienste der Schweizer: Fuhrer, Hans Rudolf et al.: *Schweizer in "Fremden Diensten": verherrlicht und verurteilt*; Zürich 2006 - Fries, Martin: *Von Söldnern und Historikern*. Mentalitäten eidgenössischer Kriegsknechte und Söldner im Spiegel der schweizerischen Historiographie des 19. und 20. Jahrhunderts, Freiburg 2005 (Lizentiats-Arbeit)

[5] Alt: *Histoire;* V, 70

ausländischen Staaten nicht teurer als solche von anderen Natio-nen[1].

Am Schluß seines Werkes behauptet d'Alt, er habe seine Geschichte *avec impartialité & désintéressement dans tous les points* darge-stellt[2].

Und d'Alt bekam offenbar schon während der Erscheinungsjahre seines Werkes den Einwand zu hören, seine Geschichte sei zu weit-schweifig und enthalte mehr europäische als Schweizer Geschichte. Im neunten Band seiner *Histoire des Helvétiens* antwortet der Baron d'Alt mit folgenden Worten:

C'est critique! Car les gens qui pensent différemment disent que je ne pouvais pas faire autrement, parce que le vide, que cela aurait fait dans l'Histoire Helvétique, l'aurait rendue imparfaite, languis-sante & peu intelligible. On aurait trouvé les Suisses en Italie, en France & en Allemagne, sans qu'on en eu su la raison. Il a donc bien fallu la donner[3].

Analysiert man diese Zeilen genau, so findet sich darin nicht nur eine Feststellung über Schweizer Solddienste im Ausland zur Zeit von d'Alt. - Die fremden Kriegsdienste werden vielmehr als Bestandteil der eidgenössischen Außenpolitik aufgefaßt: Indem in allen bedeu-tenden europäischen Staaten Schweizer als Söldner dienten, erhalte die Eidgenossenschaft Schutz vor Bedrohungen und Anfeindungen.

Bereits bei der Betrachtung von Berchtold läßt sich erwägen, die fremden Kriegsdienste der Schweizer nicht im Sinne einer national-patriotischen Geschichtsschreibung als entwürdigend und der eidge-nössischen Bundesidee widersprechend zu interpretieren.

Nach d'Alt hätten die ausländischen Solddienste also ein Element, nicht bloß eine Nebenerscheinung bei der Bildung der alten Eidge-nossenschaft dargestellt.

In seinen *Hors d'œuvres* jedoch erscheint der gleiche Autor als ein vehementer Feind der ausländischen Solddienste. Jedenfalls gibt es zwei, zwischen 1741 und 1743 geschriebene Passagen, die in ihren Urteilen überdeutlich sind:

Il est suffisamment prouvé que les alliances avec la France n'ont ap-porté aucun avantage aux Suisses. ....

---

[1] Alt: *Histoire*; IV, 525 f.
[2] Alt: *Histoire*; X, 724
[3] Alt: *Histoire*, IX, 119

Nos ancêtres se contentaient d'une simplicité qui leur permettait de passer leur vie dans une aisance que nous ne connaissons plus, et cela à cause des dépenses excessives que les officiers ont introduites dans le pays : habits, meubles, vaisselles, table, vins étrangers, et mille autres inutilités qui font notre malheur[1].

Drückt der Baron d'Alt zwischen seinem gedruckten Werk und seinen Manuskripten die Erkenntnis von einem Unterschied zwischen *pays réel* und *pays légal* aus?

Eine genauere Untersuchung der *Hors d'œuvres* könnte vielleicht diese Widersprüche in d'Alts Meinung erklären.

Jedenfalls stellt D'Alts Geschichtswerk einen wichtigen Beitrag für die Diskussion der wahren Gründe der Entstehung der eidgenössischen Bünde dar. Der Schlüssel zum historisch richtigen Verständnis der Schweiz liegt möglicherweise in der Historiographie der Westschweiz verborgen.

---

[1] Auszüge aus d'Alts *Hors d'œuvres* in: *Nouvelles Etrennes fribourgeoises*, IX, (1875), 75

Franz Guillimann und seine De rebus Helvetiorum

Guillimann als Historiograph im Dunkel zwischen Geschichte und Vorgeschichte

Mit Franz (François) Guilliman(n) und seinen angeblichen Lebensdaten 1568 – 1612 kommen wir in eine Zeit vor dem Baron d'Alt, gleichzeitig in eine inhaltlich und chronologisch bereits völlig verschleierte Zeit.

Guillimann gilt als großer Historiker der älteren Schweizergeschichte: Er hat in lateinischer Sprache mehrere Werke verfaßt und Handschriften hinterlassen.

Doch Guillimann war mit lateinischen Gedichten auch Poet[1]. Seine literarische Vielfalt macht ihn zu einem Polyhistor.

Trotzdem ist Guillimann als Person unklar, und die Mitteilungen über den Inhalt seiner Werke sind meistens aus zweiter Hand. Das Leben des Gelehrten wirkt merkwürdig zerrissen.

Guillimann soll Freiburger gewesen sein, habe aber größtenteils auswärts, in Solothurn und in Dillingen studiert und zuerst als Sekretär des spanischen Gesandten in Luzern gewirkt. Und nach einem Aufenthalt in Freiburg habe sich Guillimanns weiteres Leben in Freiburg im Breisgau abgespielt.

Die Biographie von Guillimann ist zweimal geschrieben worden.

1843 gab der Freiburger Historiker Alexandre Daguet eine 80-seitige Guillimann-Biographie heraus[2].

Die Biographie von Johannes Kälin von 1903 umfaßt über 200 Seiten[3] und scheint keinen Zweifel an der Authentizität des Freiburger Historiographen zu lassen.

---

[1] Die Aufstellung der gedruckten und handschriftlichen Werke Guillimanns findet sich bei: Kälin, Johannes: *Franz Guillimann, ein Freiburger Historiker von der Wende des XVI. Jahrhunderts*; Freiburg 1904, 211 f.

[2] Daguet, Alexandre: *Biographie de François Guillimann de Fribourg, auteur des REBUS HELVETIORUM, historiographe de l'empereur Rodolphe II et de la maison d'Autriche* ; Fribourg 1843.

[3] Kälin, Johannes, op.cit.

Abbildung 2: Titelblatt von Franz Guillimann: *De rebus Helvetiorum*, Amiternum 1623

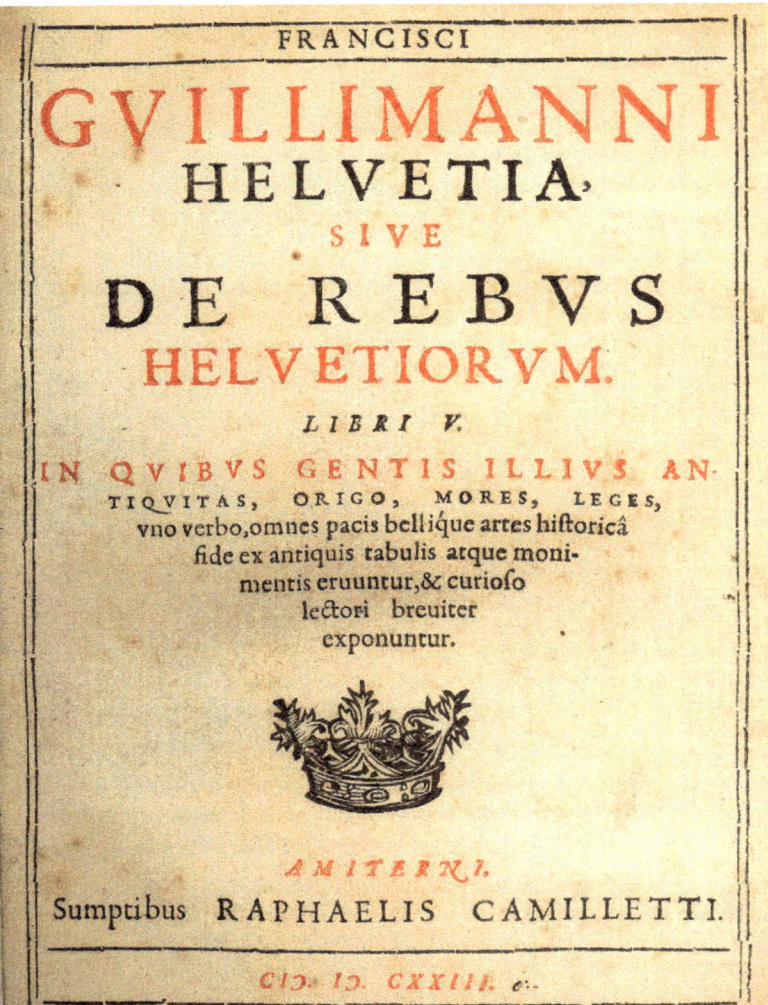

FRANCISCI

GVILLIMANNI

HELVETIA,

SIVE

DE REBVS

HELVETIORVM.

LIBRI V.

IN QVIBVS GENTIS ILLIVS AN-
TIQVITAS, ORIGO, MORES, LEGES,
vno verbo, omnes pacis bellíque artes historicâ
fide ex antiquis tabulis atque monimentis eruuntur, & curioso
lectori breuiter
exponuntur.

AMITERNI,
Sumptibus RAPHAELIS CAMILLETTI.

CIƆ. IƆ. CXXIII.

Auch in großen biographischen und enzyklopädischen Werken wird Guillimann gewürdigt[1].

Die ausführlichen biographischen Würdigungen Guillimanns hatten ihre Kehrseite.

1905 veröffentlichte Albert Büchi eine zusammenfassende Betrachtung über die älteren Freiburger Geschichtsschreiber[2]. Man wäre gespannt gewesen, was der bekannte Historiker über Guillimann denkt. Aber ausgerechnet dieser wird dort nicht behandelt. - Büchi rechtfertigt die Auslassung mit der Behauptung, Guillimanns Leben und Wirken habe sich außerhalb von Freiburg abgespielt[3].

Guillimann war sicher Freiburger. Seine auswärtigen Aufenthalte und Tätigkeiten gehören vielleicht zur biographischen Legende.

Und die zeitliche Ansetzung Guillimanns an die Wende des 16, zum 17. Jahrhunderts mutet auch in der konventionellen Zeitskala merkwürdig früh an.

Es ehrt die historische Detailforschung, daß auch sie schon Einwände gegen die zeitlich verfrühte Positionierung von Guillimann erhoben hat. Gaston Castella sagt unumwunden: *Son esprit critique était remarquable pour l'époque où il vivait*[4].

Schon Berchtold im ersten Band seiner Kantonsgeschichte von 1841 wünschte sich mehr Einzelheiten der Biographie von Guillimann zu wissen und beklagt *les ombres qui couvrent cette vie si pleine de mystère*[5].

Guillimann ist nur richtig einzuordnen, wenn man die Mittel der Geschichts- und Chronologiekritik anwendet.

Zuerst ist die Biographie Guillimanns als gefälscht anzusehen. Man weiß nicht, welche Person sich hinter dem Namen verbirgt. Letzterer ist sicher ein Pseudonym.

Und aus grundsätzlichen chronologiekritischen Erkenntnissen kann Guillimann unmöglich in so früher Zeit gewirkt haben, sondern ist in das 18. Jahrhundert zu setzen.

---

[1] Oskar Vasella: *Franz Guillimann*. In: *Neue Deutsche Biographie*, 7, 299 f.; Franz Guillimann. In: *Historisches Lexikon der Schweiz*, V (2006)803

[2] Büchi, Albert: *Die Chroniken und Chronisten von Freiburg im Üchtland* ; Freiburg 1905

[3] Büchi, Albert, op.cit, 203

[4] Castella, Gaston: *Histoire du Canton de Fribourg*; Fribourg 1922, 283

[5] Berchtold: *Histoire du Canton de Fribourg*, I, préface, IX

Die beiden Hauptwerke Guillimanns, *De rebus Helvetiorum* und die *Habsburgiaca* sind mehrmals herausgegeben worden.

Die Analyse der verschiedenen Druckorte und Druckdaten der beiden Werke von Guillimann stellen den besten Ansatzpunkt einer zeitlich neuen Einordnung des Freiburger Historikers dar.

Auch handschriftliche Quellen verweisen Guillimann ins 18. Jahrhundert.

Beispielsweise nennt ein angeblich von einem Georg Wilhelm von Goldbach verfaßtes Zeitregister der Berner Geschichte mit Datum 1723 den Geschichtsschreiber Guillimann[1].

Guillimanns *De rebus Helvetiorum* und die *Habsburgiaca* in ihren verschiedenen Ausgaben

Die beiden Hauptwerke Guillimanns tragen unterschiedliche Druckorte und teilweise weit auseinander liegende Druckdaten.

Zuerst *De rebus Helvetiorum*[2].

Der erstdatierte Druck trägt den vollständigen Titel:

Francisci Guillimann de rebus Helvetiorum sive antiquitatem libri V. Ex variis scriptis, tabulis, monimentis, lapidibus, optimis plurium linguarum auctoribus.

Als Druckort ist Freiburg im Üchtland (*Friburgi Aventicorum*), als Drucker Wilhelm Maess[3] und als Druckjahr 1598 angegeben.

Diese Ausgabe ist im Oktavformat erschienen und hat 457 Seiten.

Die nächste Ausgabe von Guillimanns Werk über die Helvetier trägt den Titel:

Francisci Guillimann Helvetia sive De rebus Helvetiorum libri V, in quibus gentis illius antiquitas, origo, mores, leges, uno verbo omnes pacis bellique artes historici fide ex antiquis tabulis atque monimentis eruuntur & curioso lectori breviter exponuntur.

---

[1] Burgerbibliothek Bern; Mss. H.H. I, 91. Das Zeitregister widerspricht dort Guillimanns Meinung, das Aussterben der Zähringer sei unter Otto IV. geschehen.
[2] Die verschiedenen Ausgaben von *De rebus Helvetiorum* sind zum ersten Mal von Gottlieb Emanuel Haller in seiner *Bibliothek der Schweizer Geschichte*, IV, Bern 1786, 214 ff. besprochen worden.
[3] Über diesen Drucker vgl. Bosson, Alain: *Annales typographiques fribourgeoises. Une bibliographie raisonnée des imprimés fribourgeois 1585 – 1773*; Fribourg 2002, 37 ff.

Diese Ausgabe, ebenfalls im Oktavformat und mit 457 Seiten Umfang, trägt als Druckort Amiternum (Terni) und als Druckdatum 1623. Als Buchdrucker wird ein Raphael Camilletti angegeben.

Als zeitlich nächste Ausgabe wird angesehen:

Francisci Guillimanni Helvetia sive De rebus Helvetiorum libri quinque, In quibus gentis illius antiquitas, origo, mores, leges uno verbo omnes pacis bellique artes historica fide ex antiquis tabulis atque monumentis eruuntur et curioso lectori breviter exponuntur.

Der Druck ist undatiert. Es wird das Jahr 1710 angegeben, als Druckort Leipzig, und als Drucker ein Friedrich Braun.

Die Leipziger Edition von Guillimanns Werk über die Helvetier hat ein Quartformat mit 203 paginierten Seiten und zweispaltigem Textumbruch. Angehängt ist ein zweiseitiges Inhalts- und ein 14seitiges Stichwortverzeichnis.

Die Papierqualität der Leipziger Edition von Guillimann ist auffallend schlecht und legt ein viel späteres Erscheinungsdatum nahe[1].

Die letzte Edition von Guillimanns Werk findet sich in dem Sammelwerk im Folioformat:

Thesaurus Historiae Helveticae.

Continens lectissimos scriptores qui per varias aetates reipublicae Helveticae rationem, instituta, mores, disciplinam, fata et res gestas sermone latino explicarunt et illustrarunt:

Quorum pars antehac edita ; nunc vero ob raritatem recusa, et ex ipsorum Auctorum Chirographis vel aucta, vel correcta ; nonnulla nunc primum in lucem prodeunt. Cum indice copioso.

Als Druckort des *Thesaurus*[2] wird Zürich (Tigurum) und als Druckjahr 1735 genannt. Conrad Orelli soll der Drucker sein.

Der Sammelband bringt die Texte zweispaltig.

Guillimanns Werk trägt dort den Titel der beiden ersten genannten Ausgaben und umfaßt 138 Seiten.

Gleich anschließend folgen Guillimanns *Habsburgiaca*, die dort in gekürzter Form 104 Seiten beanspruchen.

---

[1] Die Leipziger Edition hat als einzige einige Schreibweisen geändert. *Orgetorich* heißt dort zum Beispiel *Orgetorix* (Seite 20).
[2] Knapp besprochen wird der *Thesaurus* in: Feller/Bonjour, op.cit., II, 441

Der *Thesaurus* muß etwas ausführlicher besprochen werden. Denn dieses Werk wird sich als Schlüssel zur zeitlichen und inhaltlichen Bestimmung von Guillimann erweisen.

Das Sammelwerk beginnt mit unpaginierten 18-seitigen *Prolegomena*. – Es folgt ein 17-seitiger *Index universalis*.

Als Texte vereinigt der *Thesaurus* folgende Bücher:

- Die Chronik des Johannes von Winterthur
- Die Chronik des Schwabenkrieges von Willibald Pirckheimer
- Den *Dialogus de rusticitate et nobilitate Suitensium* von Felix Hämmerli (Felix Malleolus)
- Die *Descriptio Helvetiae* und den *Panegyricon* von Heinrich Loriti alias Glareanus, zusammen mit einem Kommentar von Oswald Myconius
- Von Josias Simler die *Descriptio Vallesiae*, *De Alpibus* und *De republica Helvetiorum*
- Von Franz Guillimann *De rebus Helvetiorum* und die *Habsburgiaca*
- Die *Chronologia Helvetica* des Johann Heinrich Schweizer (Suicerus)
- Die *Helvetia antiqua et nova* von Jean-Baptiste Plantin
- Den *Bellum civile Helveticum anno Christi MDCLVI* eines Peregrinus Simplicius Amerinus.

Die *Prolegomena* stammen von Johann Conrad Füssli, stellen die einzelnen Werke vor und bringen etliche Erklärungen. – Beispielsweise wird der letztgenannte Amerinus als Pseudonym eines Walther Schnorf bezeichnet.

Auch zu Guillimann bringt der Herausgeber im Kapitel VIII seiner Einleitung ein paar kritische Anmerkungen.

Es wird unter anderem gesagt, daß die beiden ersten Ausgaben von *De rebus Helvetiorum* – abgesehen von Einzelheiten des Titels - identisch seien.

Der Druckort der zweiten Ausgabe wird als möglicher editorischer Betrug erwogen: Amiternum war der angebliche Geburtsort von Sallust, den Guillimann als Vorbild hatte[1].

---

[1] Die Überlieferung vermerkt ausdrücklich, daß Guillimann von seinen Schülern *le Salluste ou le Florus helvétique* genannt wurde: Brülhart, F(ridolin):

Die Passage über Guillimanns Werk endet mit einem langen Zitat von Gundlingius[1]. – Dort behauptet der Vorredner von dem Historiographen, dieser sei der erste gewesen, welcher aufgehört habe, über die helvetische Geschichte zu fabulieren[2].

Die Editionsgeschichte von Guillimanns Werk über die Habsburger[3] hat verblüffende Ähnlichkeit mit jenem über die Helvetier.

Guillimanns *Habsburgiaca* soll zuerst mit Druckjahr 1605 im Quartformat in Mailand erschienen sein.

Eine identische zweite Ausgabe des Werkes im Quartformat soll 1696 in Regensburg herausgekommen sein.

Neben der dritten Ausgabe im *Thesaurus* kamen die *Habsburgiaca* gesondert in Zürich mit Druckjahr 1737 heraus[4].

Dieser Edition ist ein Vorwort, wiederum von Füssli vorangestellt. Darin rechtfertigt der Autor die besondere Ausgabe der *Habsburgiaca* neben dem *Thesaurus*: Das separate Buch sei handlicher und einer Verbreitung förderlicher[5].

Die vier Drucke der *Habsburgiaca* haben also eine ähnliche Chronologie wie *De rebus Helvetiorum*. Und auch der Zweck war gleich: Durch die verschiedenen Druckorte und die weit gespreizten Erscheinungsjahre sollte Verwirrung gestiftet und die wahre Entstehungszeit der Werke verschleiert werden.

Unbedingt ist noch anzumerken, daß die *Chronologia Helvetica* von Heinrich Schweizer ebenfalls bereits 1607 erschienen sein soll, und zwar in Hanau bei Frankfurt.

Etude historique sur la littérature fribourgeoise depuis le moyen âge à la fin du XIX. siècle; Fribourg 1907; 57

[1] Gundlingius: Johann Hieronymus Gundling, Verfasser von *Ausführlicher Discours über den jetzigen Zustand der Euroäischen Staaten*, 1734. - Schon vorher soll er die *Annales Boiorum* herausgegeben haben, in welchem Guillimanns *De rebus Helvetiorum* eingefügt war.

[2] Thesaurus: *Prolegomena*, VIII: *Et placuit autem universis quod primus in historia Helvetiorum desierit fabulari.*

[3] Die Editionen der *Habsburgiaca* sind bei Gottlieb Emanuel von Haller in seiner *Bibliothek der Schweizer-Geschichte*, II, Bern 1785, 469 ff. besprochen. Haller erwähnt dort eine Übersetzung ins Deutsche, die ein Joseph Lange angefertigt hat. – Die Übersetzung blieb jedoch ungedruckt.

[4] Kälin, op.cit., 213 kennt diese Ausgabe nicht.

[5] Guillimann : *Habspurgiaca*, Tiguri MDCCXXXVII,

In gewissen Dokumenten findet sich die Helvetische Chronologie von Suicerus zusammengebunden mit Guillimanns Helvetier-Werk[1].

Besteht vielleicht ein Zusammenhang zwischen Schweizer und Guillimann?

Von Guillimann hat sich als Manuskript ebenfalls ein Zeitregister (*mémorial chronologique*) in Einsiedeln erhalten. Davon wird später gesprochen werden.

Aus den vier Druckausgaben von Guillimanns *De rebus Helvetiorum* lassen sich erste Schlüsse für eine plausible chronologische Einordnung ziehen.

Die ersten zwei Ausgaben, also die von Freiburg und die von Amiternum, sind als eine einzige Edition anzusehen. Folglich wäre 1623 und nicht 1598 das frühest mögliche Erscheinungsjahr.

Guillimanns Werk ist auf jeden Fall in zeitlicher Nähe zum Erscheinungsjahr des *Thesaurus* zu sehen, also um 1735.

Nun sind Sammelwerke wie der *Thesaurus* um jene Zeit noch unwahrscheinlich. Initiatoren des Werkes waren Johann Jakob Bodmer[2] und Johann Jakob Breitinger. – Die Vorrede stammt wie gesagt von Füssli.

Bodmer gründete die *Helvetische Gesellschaft* und legte den Zettelkasten *Bibliotheca Scriptorum Historiae Helveticae universalis* an. Dieser bildete später für Gottlieb Emanuel von Haller die Grundlage seiner Bibliothek.

Das Sammelwerk ähnelt dem von Goldast: *Rerum Alamannicarum scriptores*, angeblich 1606/07 erschienen. – Die zweite Ausgabe des Werkes erschien allerdings erst 1727 in Ulm.

Man geht nicht fehl, solche kompilatorische Werke erst etwa gegen 1760 für möglich zu halten.

---

[1] Beispiel: In dem Sammelband H. V 75 der Universitätsbibliothek Bern findet sich Guillimann *De rebus Helvetiorum* zusammen mit der *Chronologia Helvetica* und dem Schweizerischen Heldenbuch von Johann Jakob Grasser.
[2] Vgl. über Bodmers Bedeutung für die Geschichtsschreibung der Zeit: Dürr, Matthias: *Zwischen kritischem Geist und geistigem Denkmalschutz. Zur schweizerischen Historiographie in der zweiten Hälfte des 18. Jahrhunderts*, Freiburg 2005 (Lizentiats-Arbeit), 42 ff.

Guillimann stand in Briefverkehr mit Goldast. Dort äußert er seine Vorbehalte gegen die Tell-Geschichte[1].

Die Kritik an Wilhelm Tell kann erst kurz vor der Aufklärung entstanden sein. Man darf die Zeit um 1760 nennen.

Als hauptsächliches Argument für eine richtige Einordnung von Guillimann und allen anderen Schweizer Historiographen ist das Erscheinen von Tschudis *Chronicon* in den Jahren 1734 und 1736 zu werten: Wer Tschudi zitiert, ist nach ihm erschienen, wer ihn nicht kennt, vorher.

Stumpf kennt in seinem Werk Tschudi nicht. Aber Guillimann nennt ihn einmal. Er behauptet, die Gefallenenzahlen der Helvetier nach der Schlacht von Bibracte von Tschudi zu haben[2]. – Tatsächlich stammen diese Angaben von Stumpf[3].

Es scheint also, daß Guillimann von Tschudis Chronik erfahren hat, aber noch keine Zeit hatte, ihn auszuwerten.

Aber auch die Druckdaten von Tschudis *Chronicon* sind keineswegs als sicher anzusehen. – Man möchte das Werk eher in die späten 1750er Jahre setzen.

Guillimanns *De rebus Helvetiorum* ist also wahrscheinlich um 1760 anzusetzen. Kurz danach wären die *Habsburgiaca* erschienen. Und beide Werke fanden später – nach 1760 - Aufnahme in dem erwähnten *Thesaurus* von Zürich.

Der Baron d'Alt in seiner *Histoire des Helvétiens* nennt Guillimann im ersten Band von 1749 zweimal: bei der Erörterung des Namens Helvetier[4] und bei dessen Behauptung über das hohe Alter von Lausanne[5].

Die unterschiedlichen Schreibweisen von Guillimann bei d'Alt sollen hervorgehoben werden.

Der chronologische Hiatus zwischen den angeblichen Erstausgaben vieler Druckwerke und den Nachdrucken ist gewaltig und vollkommen unglaubwürdig. Schon aus diesen Gründen sind alle diese Druckwerke in das fortgeschrittene 18. Jahrhundert zu verschieben.

---

[1] Daguet, Alexandre: *Biographie de François Guillimann*, Fribourg 1843, 35 ff.
[2] Guillimann: *De rebus Helvetiorum*, I, c. 7
[3] Johannes Stumpf: *Schweizer Chronik*, 1606, III, c. 18, p. 300 v
[4] D'Alt: *Histoire*, 16: *Guillimin*
[5] D'Alt: *Histoire*, 42: *Guillemin*

Guillimanns *De rebus Helvetiorum:* die wichtigsten Inhalte und Merkmale

Mehr noch als bei anderen älteren Geschichtsschreibern zeigt sich bei Guillimann, wie die mangelhafte Kenntnis seines Hauptwerkes die Beurteilung verstellt hat. Eine ausführlichere Wiedergabe des Inhalts steht vor einer Beurteilung und Kritik.

Die *De rebus Helvetiorum* bestehen aus fünf Teilen:

Der erste Teil erzählt die Geschichte der Helvetier bis zu ihrer Christianisierung.

Der zweite Teil widmet sich der Geschichte Helvetiens von Augustus über die Römische Kaiserzeit, die Burgunder und die Franken bis zur helvetischen Bundesgründung.

Im dritten Teil werden die einzelnen Orte der Eidgenossenschaft behandelt.

Der vierte Teil listet die eidgenössischen Verbündeten auf, also die Abtei Sankt Gallen, Graubünden, das Wallis, Rottweil, Biel und Mülhausen.

Im fünften Teil werden die wichtigsten Bündnisse der Helvetier mit ausländischen Mächten behandelt, also mit Österreich, Mailand, Gallien und Savoyen.

Schematisch sind bei Guillimann auch die einzelnen Teile seines Werkes aufgebaut.

Im ersten Buch folgt der Autor bei der Darstellung dem Schema von Julius Caesar, der im ersten Buch seines Gallierkrieges bekanntlich von vier helvetischen Gauen und zwölf Städten spricht.

Guillimann nennt mit Berufung auf Glareanus die Gaue der Tiguriner und der Verbigener oder Urbigener, den Aventicum-Gau und den Gau der Antuaten.

Das Gebiet der Tiguriner definiert Guillimann als die Ostschweiz.

Den Gau der Verbigener oder Urbigener sieht der Autor im Osten durch den Bözberg, im Westen durch das Flüßchen Sigger östlich von Solothurn eingefaßt.

Mit dem Gau von Aventicum ist nach Guillimann das Üchtland und die Westschweiz gemeint.

Das Gebiet des Genfersees im Süden und Norden sieht der Autor als Gau der Antuaten.

Als die zwölf helvetischen Oppida der Helvetier erkennt Guillimann Aventicum, Vindonissa, Thuricum oder Tigurum, Tugium, Salodurum, Vitodurum, Aquae Helvetiae, Gannodurum, Noidenolex, Eburodunum, Lausodunum und Nevidunum.

Die merkwürdige Schreibweise verschiedener antiker Ortsnamen sei ausdrücklich hervorgehoben.

Ebenso ist die Einfügung phantastischer Namen zu erwähnen:

Die Urbigener oder Verbigener sind als barocke Erfindung anzusehen.

Das Gannodurum von Claudius Ptolemäus wird als alter Name von Konstanz behauptet.

Solium Caesaris soll die antike Bezeichnung von Kaiserstuhl gewesen sein.

Es ist bezeichnend, daß sich in der Darstellung deutsche und französische mit lateinischen Ortsnamen überlagern. Eine explizite Trennung erfolgt nicht.

Im Übrigen bestehen die Geschichte und die Beschreibung des Helvetierlandes vor allem aus antiken Zitaten, von Caesar und Tacitus über Strabo bis Diodor.

Die ausführliche Darstellung der fränkischen und burgundischen Herrscher in *De rebus Helvetiorum* soll wohl die Verbindung zwischen den alten und den neuen Helvetiern schaffen.

Die alteidgenössische Geschichte wird im Teil drei bei den einzelnen Orten abgehandelt. – Die letzten beiden Teile vier und fünf machen noch ein Neuntel des Werkes aus.

Als erwähnungswürdige Einzelheiten sollen aus Guillimanns Werk folgende Dinge festgehalten werden:

Der Autor sieht sich bei der Behandlung der spätrömischen Kastelle zu Konjekturen gezwungen, weil die alten Schriftsteller angeblich zu wenig darüber berichteten[1].

Ebenfalls mit Berufung auf Glareanus in seinen *Notis in Caesarem* wird über den Ursprung des Namens Helvetier fabuliert: Die Schreibweisen *Helhutteri* und *Heleuteri* sollen beweisen, daß der Name mit Gottähnlichkeit zu tun habe[2].

---

[1] Guillimann : *De rebus Helvetiorum*, I, c. 11

[2] Guillimann *: De rebus Helvetiorum*, I, c. 1: *Celtica lingua dictus Ditis propinquos.*

Wie die Helvetier glaubt Guillimann auch den Ursprung des Namens Alemannen erklären zu können: Dieser stamme von *Allerleymann*, also Leute jeglicher Herkunft[1].

Eine andere etymologische Spielerei wird bei den Helvetiern über ihren Fürsten Orgetorix *(Orgetorich)* erzählt: Dessen Name habe auf Keltisch *Horreich* geheißen, weil er sehr reich gewesen sei[2].

Bei der Bekehrung der Helvetier zum christlichen Glauben hält Guillimann, daß bereits Petrus auf seiner Reise nach Britannien, nicht erst Beatus mit der Missionierung begonnen habe[3].

Manchmal meldet der Historiograph Zweifel am Alter gewisser helvetischer Städte an. – So hält er es für unwahrscheinlich, daß Solothurn bereits von Abraham oder Ninus gegründet worden sei[4].

Noidenolex soll eine von fünf Sequaner-Städten gewesen sein. Guillimann setzt den Rätselort in das Gebiet von Aventicum und sieht darin Neapolis oder Neuenburg.

Anderseits hält Guillimann Aventicum für sehr alt, wobei er Verse von Gottfried von Viterbo, dem Sekretär Friedrichs I. wiedergibt[5].

Bei gleicher Gelegenheit erzählt der Autor die Sage vom Germanenfürst Vivilo, der dem Ort Avenches angeblich seinen deutschen Namen Wiflisburg gegeben habe.

Guillimann scheint Freiburger gewesen zu sein. Schon bei Aventicum erzählt er Einzelheiten. So erwähnt er die Storchensäule *(le Cigognier)* und sagt, in dem alten Stadtgebiet finde man jede Menge von Münzen und zahllose Inschriften[6].

Besonders wertvoll sind Guillimanns Mitteilungen über Freiburg.

---

[1] Guillimann : *De rebus Helvetiorum*, I, c. III, adnotatio

[2] Guillimann : *De rebus Helvetiorum* ; I, c. 5: *Magnae viro opes, inde illi nomen Celticum HORREICH.* – Auch Johannes Stumpf kennt diesen Namen; vgl. *Schwyzer Chronica*, Zürich 1554, 20 v: *Horderich*

[3] Guillimann : *De rebus Helvetiorum*, I, c. 15

[4] Guillimann : *De rebus Helvetiorum*, III, c. 10

[5] Guillimann : *De rebus Helvetiorum*, I, c. 3

[6] Guillimann : *De rebus Helvetiorum*, I, c. 3: *Praeter numos omnis generis infinitae sunt inscriptiones Romanae.*

Über die ältere Geschichte Freiburgs wird Folgendes ausgesagt:
Die Stadt sei von der Burg (*arx*) aus gegründet worden und habe 1219 in Hagenau von Friedrich II. ein Privileg bekommen.

König Rudolf von Habsburg habe 1274 den Freiburgern in Aarau ihre Freiheiten bestätigt und im folgenden Jahr die Stadt unter seine Oberherrschaft genommen. – 1350 sei Freiburg savoyisch geworden.

Die Stadt Freiburg wird etwa in dem Zustand des Plans Martini beschrieben, also vor den barocken Umformungen. - Man erfährt zum Beispiel von zwei Steinbrücken über den Grabensaal.

Dabei wird auch ein Fischmarkt (*forum piscarium*) erwähnt[1] – offenbar am alten Ort auf dem heutigen Rathausplatz oder in der Nähe des alten Spitals bei der Kirche Notre-Dame.

Neben Rudella ist es Guillimann, der für die Grundsteinlegung der Kathedrale Sankt-Nikolaus die Jahrzahl 1283 behauptet[2].

Im Zusammenhang mit Inschriften wird ferner zweimal das Schloß Prangins erwähnt[3]. – Der heutige Bau wird allerdings um 1750 datiert. Guillimann meinte demzufolge offenbar einen Vorgängerbau.

Guillimann als Historiograph der Renaissance

Man kann das Helvetier-Werk von Guillimann entweder ausführlich oder knapp wiedergeben.

Die knappe Würdigung von Gottlieb Emanuel von Haller hat überdauert und die Meinung über Guillimann und sein Werk bis heute festgelegt:

Dieses Werk kann mit Fug unter die classischen Schriftsteller von der Schweiz gerechnet werden, denn ob es gleich nicht aller Orten treu, aufrichtig und unpartheyisch ist, so liefert es doch sehr gute Nachrichten, besonders von den älteren Zeiten. Er schreibt kurz, kräftig und fließend und zeigt viel Einsicht[4].

Eine genauere Betrachtung von Guillimanns Werk über die Helvetier muß auf alle Fälle zu einer veränderten Meinung führen.

---

[1] Guillimann : *De rebus Helvetiorum*, III, c. 9
[2] Guillimann: *De rebus Helvetiorum*, 372
[3] Guillimann : *De rebus Helvetiorum*, I, c., 9, I, c. 10
[4] *Bibliothek der Schweizer-Geschichte*, IV, Bern 1786, 214

Abbildung 3: Der alte Fischmarkt (*Marché aux Poissons*) in Freiburg (Fribourg)

Foto: Autor, 2.5.2018

Eine Eigentümlichkeit des Buches zeigt schon die inhaltliche Detail-Übersicht: Es ist keine Chronik, sondern eine Art historisch-topographische Darstellung des Helvetier-Landes.

Der Aufbau ist dabei sehr schematisch und folgt deutlich Johannes Stumpf, besonders in der Übernahme der vier Gaue und der dreizehn Orte von Helvetien.

Auch mit der historisch-statistischen Darstellung *Deliciae urbis Bernae* von Johann Rudolf Gruner, angeblich 1732 erschienen, bestehen Zusammenhänge.

Das starre Schema verbirgt, daß der Inhalt weitgehend Kompilation ist, mit nur wenigen eigenständigen Einzelheiten.

Man kann Guillimann vielleicht am Treffendsten als ursprünglichen Historiographen der Renaissance sehen.

Charakteristisch für diese Art von Geschichtsschreibung sind etwa folgende Merkmale: ein rigider Aufbau, ein häufig bedeutender Umfang, reiche Zitate von Autoritäten der Antike, Einfügungen von Urkunden und Inschriften, Neigung zu Räsonnements, angeblich kritische Haltung in Details bei gleichzeitiger vollständiger Übernahme eines vorgefaßten Geschichtsbildes.

Guillimanns Werk zeigt alle diese Merkmale, ohne durch irgendwelche Originalität hervorzustechen[1].

Doch allgemein charakterisiert die Wissenschaft jener Epoche *weniger Genialität als Tüchtigkeit und ordentlicher Sammelsinn die Mehrzahl der Leistungen*[2].

Man versteht deshalb nicht ganz das durchwegs positive Urteil, welches Feller/Bonjour über den Historiographen abgeben: *Er ist der bedeutendste Freiburger Historiker, einer der bedeutendsten der Schweiz überhaupt*[3] und aus seiner *De rebus Helvetiorum* spreche *eine echt wissenschaftliche Haltung*[4].

Als Schwäche bei Guillimanns Werk ist anzufügen: Die Verbindung zwischen den alten und neuen Helvetiern wirkt unorganisch, weil dem anfänglichen Geschichtsverständnis offenbar der Begriff der

---

[1] Kälin, op.cit., 208: *Guillimann war keine genial veranlagte Natur; wohl aber besaß er hervorragende Talente, hellen Verstand, eine seltene Willenskraft und ein weiches, empfängliches Gemüt.*
[2] *Handbuch der Schweizer Geschichte*, I, Zürich 1972, 664
[3] Feller/Bonjour, op.cit., 292
[4] Feller/Bonjour, op.cit., 293

Entwicklung fehlte. Also geht es bei der Eidgenossenschaft grundsätzlich um die Wiederherstellung des alten Helvetiens. – Der chronologische Hiatus bleibt unkenntlich.

Georg von Wyss bezeichnet in seiner Geschichte der schweizerischen Historiographie Guillimanns Werk als Beginn einer wissenschaftlichen Betrachtung der Schweizergeschichte[1]. Diese Meinung stützt sich wohl auf die im Helvetier-Werk an einigen Stellen vorgebrachte Kritik an. – Aber Vorbehalte gegen Mythen und Legenden ist ein Topos in der älteren – auch antiken – Historiographie.

Zu Guillimanns Zeiten kann nicht von einer wissenschaftlichen Geschichtsbetrachtung gesprochen werden. Die Geschichtserfindung war noch in vollem Fluß, die historische Konstruktion nicht vollendet.

Guillimann als Übername und seine Beziehung zu den Urkunden

Guillimanns Helvetier-Werk ist gegenüber der bisherigen Wertung zurückzustufen. – Die Helvetier-Darstellung von Plantin etwa, die den Freiburger Geschichtsschreiber erwähnt und demzufolge jünger sein muß, vermerkt mehr und interessantere Einzelheiten.

Man fragt sich, welchen Zweck das Buch verfolgte. Der Name Guillimann und ein paar weitere Einzelheiten seines Werkes über die alten und die neuen Eidgenossen liefern Hinweise.

Bereits wurde hingewiesen, wie d'Alt den Namen Guillimann bei seinen zwei Erwähnungen in seinem Werk verschieden wiedergibt (*Guillimin* und *Guillemin*).

Und Castella und andere behaupten, Guillimann habe zuerst *Guillomens* geheißen[2].

Es zeigt sich, daß Guillimann nicht nur eine gefälschte, nach rückwärts verschobene Biographie besitzt, sondern sein Name ein Übername darstellt.

Bei der Berner Historiographie habe ich festgestellt, daß der erste Geschichtsschreiber JUSTINGER klar von JUS abgeleitet ist. – Und der Name steht in Beziehung zu Salomon und seinen Parallelitäten. Alle diese Herrscher hatten eine besondere Beziehung zum Recht.

In GUILLIMAN(N) erkennt man unschwer GUILLAUME, also Wilhelm.

---

[1] Wyss, Georg von ; op.cit. ; Inhaltsübersicht, X
[2] Castella: *Histoire de Fribourg*, op.cit., 285

Aber weshalb dieser Name?

Dazu müssen einige weitere Hinweise in *De rebus Helvetiorum* untersucht werden.

Schon ein erster Blick in das Werk zeigt eine augenfällige Merkwürdigkeit:

Guillimann gibt in den helvetischen Passagen nach dem Vorbild von Stumpf römische Inschriften wieder.

In der eidgenössischen Geschichte jedoch werden keine Dokumente wiedergegeben.

Aber es gibt eine Ausnahme.

Im Teil III wird im Kapitel über Zürich (*De Tiguro*) der Text der Urkunde von 853 wiedergegeben, mit welcher Ludwig der Deutsche das Fraumünsterkloster in Zürich beschenkt hat[1].

Und am Schlusse wird sogar das Vollzugsmonogramm reproduziert!

Man fragt sich, was für eine Absicht mit der isolierten Wiedergabe einer Urkunde in einem eher beschreibenden Werk über die alte Eidgenossenschaft verfolgt wurde.

Vermutlich hatte die Einfügung des Urkundentextes für Zürich von 853 den einfachen Zweck, die damalige Existenz des Dokumentes zu belegen. Zwischen Stumpf und Tschudi ist der Beginn der Urkundenschöpfung anzusetzen. Die Zitate und Reproduktionen sollten wie bei den römischen Inschriften die Quellen bestätigen.

Die Anspielung auf eine zweite wichtige Urkunde bei Guillimann unterstützt die obige Vermutung.

1249 soll Freiburg an die Kyburger übergegangen sein. Bei dieser Gelegenheit hätten nach Guillimann die Grafen der Stadt alle Privilegien und Freiheiten bestätigt, die sie schon früher von den Zähringern und den Kaisern erhielten. – Über diese Sache wurde nach dem Chronisten im genannten Jahr ein Dokument erstellt, und zwar zur Regierungszeit des Grafen Wilhelms von Holland[2].

---

[1] Guillimann: *De rebus Helvetiorum*, III, c. 5. - Das Monogramm wird in sämtlichen Ausgaben des Werkes wiedergegeben. Über die Urkunde von 853 vgl.: *Regesta Imperii*, I (1908)591 f. - Der Herausgeber behauptet dort auch eine Erwähnung der Urkunde in Guillimanns *Habsburgiaca*, 349 (Ausgabe 1696). Diese jedoch lässt sich dort nicht finden.

[2] Guillimann: *De rebus Helvetiorum,* III, 9: *Qua de re litera facta Friburgi, A.D.N: MCCXLIX. regnante Gulielmo Holllandiae comite.*

Es ist dies klar eine Anspielung auf die Freiburger Handfeste von 1249, die bekanntlich unter der Herrschaft des Gegenkönigs Wilhelm angesetzt wird[1].

Auch hier hat die Erwähnung einer Urkunde eine Platzhalterfunktion. Sie sollte ein Dokument belegen, das wohl erst in dieser Zeit geschaffen wurde.

Und die Wichtigkeit der Freiburger Handfeste – ähnlich derer von Bern von 1218 – wird durch die Erwähnung des Namens Wilhelm unterstrichen.

Da Guillimann zweifellos Wilhelm bedeutet, so hat der Historiograph wohl diesen Übernamen gewählt, weil er als Erster die Freiburger Handfeste erwähnt – und wohl auch an der Entstehung des Dokumentes beteiligt war.

Aber Guillimann als Wilhelm erlaubt möglicherweise noch andere Schlüsse.

Guillimann, Rudella, Molsheim und Techtermann

Mit Guillimann kommt man bereits – wenn man die Chronologie richtigstellt – zu den Anfängen der Freiburger Geschichtsschreibung. Diese stand, wie bereits Albert Büchi richtig festgestellt hat, zuerst vollkommen im Schatten Berns[2].

Noch mehr als in Bern stellt die Freiburger Chronistik unlösbare Probleme hinsichtlich Autoren, Einflüssen und Zeitstellungen.

Albert Büchi beklagte *den auf den ersten Anblick unentwirrbaren Rattenkönig von Freiburger Chronisten*[3].

Aber dieser Wirrwarr ist gewollt: Es sollte keine Klarheit herrschen, weder über Quellen, noch Abhängigkeiten, noch Einflüsse.

Zentral steht für die alte Freiburger Chronistik der Name Rudella mit seinem Zeitbuch.

Guillimann ist in zeitlicher Nähe zu Rudella zu sehen.

---

[1] Vergleiche: *Die Freiburger Handfeste von 1249*; Freiburg/Schweiz 2003, 27: In einer Handschrift mit rechtsgeschichtlichen Quellen im Staatsarchiv Freiburg findet sich ein Vermerk von Wilhelm Techtermann, daß hier die Handfeste der Stadt eingefügt sei.
[2] Büchi: *Chroniken*, op.cit., 298
[3] Büchi: *Chroniken*, op.cit., 201

Bereits Jeanne Niquille hat den möglichen Gemeinsamkeiten zwischen den beiden Freiburger Historiographen einen Aufsatz gewidmet[1].

Darin sieht die Autorin Verbindungen in den Werken der beiden Chronisten. – Auch merkt Niquille an, daß beide in gewissem Sinne ähnliche Biographien haben: Beide endeten in elenden materiellen Verhältnissen.

Eine neue Edition der Rudella-Chronik[2] erlaubt eine genauere Untersuchung der möglichen Verbindungen zwischen dem Chronisten und Guillimann. Trotzdem bleibt die Sache aus den genannten Gründen letztlich undurchschaubar.

Angeblich sei das Manuskript von Rudella in die Hände eines Chevalier de Féguely (Vögeli) gelangt. Dieser sollte es auf Ersuchen des Kleinen Rates an den Gesuchsteller Guillimann ausliefern. Jener hatte es jedoch nicht besonders eilig[3].

Dies soll im Januar 1598 gewesen sein. – Aber das war schon das angebliche Druckjahr von Guillimanns Helvetier-Werk.

Doch wurden Auszüge aus Rudella kopiert, die später in den habsburgischen Archiven landeten.

Diese Mitteilungen belegen zweierlei: Zum ersten zeigen sie die zeitliche Nähe zwischen Rudella und Guillimann. – Und Auszüge, die in habsburgische Archive wanderten, weisen wiederum auf letzteren Namen.

Ein Vergleich zwischen der Chronik von Rudella und dem Helvetier-Werk von Guillimann bringt wenig Ergebnisse. Die Absichten der beiden Werke und ihre Inhalte liegen weit auseinander: Rudella beschreibt Geschehnisse, Guillimann liefert ein historisch-topographisches Werk über die Eidgenossenschaft. Zudem erschweren die unterschiedlichen Sprachen der beiden Werke – Latein und Deutsch – den Vergleich.

Auffällig ist jedoch, wie viel Aufmerksamkeit Rudella dem Bau und Ausbau der Stadt Freiburg widmet. In kondensierter Form sind diese Mitteilungen auch bei Guillimann zu finden – und später bei Berchtold.

---

[1] Jeanne Niquille: *Rudella et Guillimann*; in: *Annales fribourgeoises*, 15(1927)241 - 244
[2] *Die Grosse Freiburger Chronik des Franz Rudella*. Edition nach dem Exemplar des Staatsarchivs Freiburg; Freiburg 2005 (Dissertation)
[3] *Freiburger Chronik*, op.cit., 55

Schon gesagt wurde, daß Guillimann den alten Fischmarkt in Freiburg erwähnt. Rudella nennt ihn sogar zweimal[1]. Eine solche Übereinstimmung ist sicher nicht zufällig.

Rudella liefert in einem gewissen Sinne die schriftliche Bestätigung
für den Plan Martini.

Beide Geschichtsschreiber beschreiben die Stadt in einem Zustand
unmittelbar vor den barocken Umgestaltungen in der Epoche des
Baron d'Alt.

Von Guillimann ist in handschriftlicher Form auch ein bereits genann-
tes Zeitregister (*mémorial chronologique*) in lateinischer Sprache
überliefert[2].

Die Chronik von Einsiedeln ist zweifellos identisch mit der in Guillimanns Biographie erwähnten Schrift *Helvetia*, welche als verschollen
behauptet wurde[3].

Das Zeitbuch listet die helvetische und teilweise die allgemeine Geschichte von 1313, vom Tode Heinrichs VII., bis 1586, der Gründung
des Goldenen Bundes auf.

Auffällig an der Chronik ist die Ausführlichkeit, mit welcher die sa-
voyische und französische Geschichte wiedergegeben werden. – Es
ist deshalb erstaunlich und unverständlich daß die Einsiedler Chronik
von Guillimann seit dem Ende des 19. Jahrhunderts als Geschichts-
quelle übergangen wurde.

Daß der Verfasser Freiburger ist, verrät sich an wenigen Stellen. Die
Aufnahme Freiburgs und Solothurns in den Bund der Eidgenossen
wird stichwortartig wiedergegeben. Aber sowohl 1480 wie im Folge-
jahr wird von Überschwemmungen der Saane berichtet; die erstere
riß nach dem Chronisten den *Pont du Milieu* (*mittel brugk*) weg[4].

---

[1] *Freiburger Chronik*, op.cit., 267, 500 f.

[2] Guillimann: *Chronik*; Stiftsbibliothek Einsiedeln, Codex 436 (= Ms Einsiedeln). Das Werk wird besprochen bei: Daguet, Alexandre: *Biographie de
François Guillimann*; Fribourg 1843, 10 f. – Nach ihm wurde die Chronik zu
seiner Zeit u.a. von Gall Morel zur Abfassung eines Schulgeschichtsbuchs
benutzt.

[3] Vgl. Daguet, Alexandre: *Biographie de François Guillimann*, Fribourg 1843,
op.cit.

[4] Ms. Einsiedeln, op.cit., 50 recto: *Friburgi Sana pontem medium, aliquot
domos, plearaque horrea abripuit. ... Sana Friburgi non minori danno exun-
davit, 22. maii.*

Die Überschwemmung durch die Saane 1481 mit der Zerstörung der erwähnten Brücke meldet auch Peter von Molsheim in seiner Chronik der Burgunderkriege[1]. – Auch dieses Werk muß deshalb zeitlich in den Kontext der älteren Chronisten gestellt werden.

Auffällig detailliert, aber ungenau beschreibt Guillimann in der Einsiedler Chronik die Aufdeckung einer Verschwörung in der Sankt Niklaus-Kathedrale 1530:

Am Vorabend von Empfängnis Mariae wurden der Kanoniker Johannes Wannenmacher und der Organist Hans Kott(h)er aus der Kirche geholt und verhaftet, aber auf Fürsprache Berns unter Eid entlassen und verbannt. Guillimann faßt die beiden Personen unter der Bezeichnung *cantor et vannemacberg organista*[2] zusammen.

Ebenfalls bestehen auffällige inhaltliche Übereinstimmungen zwischen der *Chronologia Helvetica* von Schweizer und der kleinen Chronik von Johannes Stumpf.

Beispielsweise nennt das Manuskript von Einsiedeln, daß die Helvetier 1421 dem Kaiser Hilfstruppen gegen die böhmischen Häretiker geschickt und die Freiburger 1447 Villarsel erobert hätten[3].

Guillimann bezweifelt bekanntlich in *De rebus Helvetiorum* unter anderem das angeblich hohe Alter von Solothurn. – Aber in dem Zeitregister von Schweizer wird die Gründung jener Stadt auf 1986 AC angesetzt[4].

Es verwundert deshalb nicht, daß Guillimann und die *Helvetische Chronologie* in gewissen Bibliotheken in einem Sammelband vereinigt sind.

---

[1] *Peter von Molsheims Freiburger Chronik der Burgunderkriege*; Hg. von Albert Büchi, Bern 1914, 228 f.

[2] Ms. Einsiedeln, 66 verso. Vergleiche zu dieser Angelegenheit: XY: *Grosse Freiburger Chronik*, op.cit., 442; Castella, 235; Waeber, Louis: *La réaction du gouvernement de Fribourg au début de la Réforme*: in: *Zeitschrift f. Schweizerische Kirchengeschichte* 53 (1959), 105 – 124, 213 – 232, 290 - 318

[3] Helvetische Hilfstruppen nach Böhmen 1421: Ms. Einsiedeln, 28 verso; *Chronologia Helvetica*, 1735, 42; Stumpf: *Schwytzer Chronica*, 1554, 200 recto – Einnahme von Villarsel durch die Freiburger 1448: Ms. Einsiedeln, 37 recto; *Chronologia Helvetica*, 1735, 45; Stumpf: *Schwytzer Chronica*, 1554, 218 recto

[4] *Chronologia Helvetica*. 1735, 8 : *Viginti annis post Treverim conditam Salodorum Helvetii conditur.*

Das Zeitregister von Einsiedeln legt nahe, daß sich hinter den Namen Guillimann und Rudella ein einziger Geschichtsschreiber verbirgt.

Und das Kloster Einsiedeln besitzt auch eine Handschrift der Chronik von Peter von Molsheim, von Albert Büchi als Handschrift E bezeichnet[1]. – Der Chronist muß also zum Umkreis von Guillimann gehört haben.

Die Chronik von Rudella und die beiden gedruckten Geschichtswerke von Guillimann sind als ungefähr zeitgleich anzusehen. Beide kennen unter anderem Stumpf, Glarean und teilweise Tschudi.

Stellt man Rudella der anfänglichen Berner Chronistik gegenüber, so läßt sich der Freiburger Chronist am ehesten mit Valerius Anshelm vergleichen[2]. – Aber diese Schwierigkeiten der Einordnung sind als Absicht anzusehen.

Glareanus selbst soll Professor in Freiburg im Breisgau, der junge Rudella dort sein Schüler gewesen sein[3]. – Aber auch Guillimann soll zuletzt im anderen Freiburg gewirkt haben.

Rudella und Guillimann haben deutliche Bezüge zu dem Freiburger Stadtschreiber Wilhelm Techtermann mit den angeblichen Lebensdaten 1551 - 1618[4]. Letzterer verfaßte einen Auszug der Freiburger Chronik.

Guillimann und Techtermann scheinen identische Autoren zu sein. – Beide tragen Doppelnamen, die WILHELM und MANN enthalten.

Wie Guillimann ist auch RUDELLA als Übername anzusehen. Das RUD könnte identisch sein mit RYD, dem Beinamen des genannten Berner Chronisten Valerius Anshelm. - Und in dem Namen lese ich CHRISTUS (RT > (C)R(S)T.

Man könnte eine Einheit Guillimann – Techtermann - Rudella postulieren. – Dazu gehört zweifellos auch Peter von Molsheim.

Gut möglich also, daß die älteste Freiburger Geschichtsschreibung einer Schreibstube entstammt, welche mit den Namen Techtermann, alias Guillimann, alias Rudella, alias Molsheim zu umschreiben wäre.

---

[1] Peter von Molsheim, ed. A. Büchi, op.cit., 257
[2] XY: *La Grande Chronique de François Rudella*. In: *Annales fribourgeoises*, LXVII(2006), 32
[3] XY: *Grosse Freiburger Chronik*, op.cit., 130
[4] Büchi: *Chroniken*, op.cit., 287. XY, op.cit., 43

Guillimann und der Baron d'Alt und die angebliche Helvetier-Frage

Eine oberflächliche Betrachtung ergibt einige Gemeinsamkeiten zwischen den Geschichtsschreibern Guillimann und d'Alt:

Beide waren Freiburger, beide schrieben aber mehr Schweizer und allgemeine Geschichte und beide hießen mit Vornamen François oder Franz. Beide verfaßten je ein Werk mit einem gleichen Titel: Wenn man die Unterschiede der gewählten Sprachen berücksichtigt, so klingt die *Histoire des Helvétiens* wie eine französische Übersetzung des lateinischen *De rebus Helvetiorum*.

Trotzdem stehen wahrscheinlich zwei unterschiedliche Personen hinter diesen Werken. Und auch ein zeitlicher Unterschied besteht, wenngleich er sich mit wenigen Jahrzehnten bemißt.

Die historische Detailforschung der Schweiz hat sich in den letzten Jahren besonders der Helvetier-Thematik gewidmet. Das gehäufte Auftreten des angeblich antiken Volks- und Landbegriffs in der neuzeitlichen Geschichtsschreibung läßt nach Erklärungen fragen.

Ulrich Im Hof sieht eine eigentliche geistige Bewegung des *Helvetismus* – allerdings auf die Aufklärung beschränkt[1].

Bernhard Stettler[2] konstruiert auf Grund dieses angeblichen Sachverhalts folgende Synthese für die Eidgenossenschaft zwischen Burgunderkriegen und Reformation:

Die Schweiz sei um 1500 herrschaftsrechtlich schwer zu fassen gewesen. Doch dank den Humanisten habe sich die Schweiz um diese Zeit als helvetische Nation zu begreifen gelernt und so ein Nationalbewußtsein hervorgebracht.

Felix Maissen hat zur selben Zeit dieselbe Thematik aufgenommen und in zwei Artikeln abgehandelt[3]. – Diese sollen als Grundlage für die Entgegnung genommen werden.

---

[1] Im Hof, Ulrich, in: *Handbuch der Schweizer Geschichte*, op.cit., II, 743 ff.
[2] Stettler, Bernhard: *Die Eidgenossenschaft im 15. Jahrhundert*. Die Suche nach dem gemeinsamen Nenner; Zürich 2004
[3] Maissen, Thomas: *Ein „helvetisch Alpenvolck"*. Die Formulierung eines gesamteidgenössischen Selbstverständnisses in der Schweizer Historiographie des 16. Jahrhunderts. In: *Studia Polono-Helvetica II: Historiographie in Polen und in der Schweiz*; Krakau 1994, 69 – 86.
Derselbe: *Weshalb die Eidgenossen Helvetier wurden*. Die humanistische Definition einer *natio*. In: Helmrath, Johannes, u.a. (Hg.): *Diffusion des Humanismus*. Studien zur nationalen Geschichtsschreibung europäischer Hu-

In der ersten Abhandlung von 1994 fordert Maissen eine Unterscheidung der Begriffe *Helvetii* und *Helvetia*. Dabei hält er in sehr diskutabler Weise die letztere Bezeichnung für einen Neologismus, angeblich zuerst von ausländischen Humanisten gebraucht[1].

Immerhin fällt Maissen ein chronologischer Hiatus zuerst bei der Datierung von Stumpf auf:

Allerdings ist Stumpfs politisch-historische Gewichtung der Alpen erst im 18. Jahrhundert wieder ernsthaft aufgenommen worden[2].

Und am Schlusse des Artikels gesteht Maissen indirekt ein, daß die helvetischen Historiographen – von Brennwald über Stumpf zu Tschudi – Kinder einer einzigen Epoche sein müssen:

Obwohl die Abhängigkeiten und Übernahmen genauer zu untersuchen sind, gilt doch, daß das Geschichts- und „National-"Bewußtsein der alten Eidgenossenschaft weitgehend ein Kollektivwerk ist, von Männern unterschiedlicher – sozialer wie lokaler – Herkunft und, besonders wichtig, ungleicher Konfession[3].

Im zweiten Artikel von 2002 wagt sich Thomas Maissen sehr weit hinaus in seiner Auffassung der Genese des Helvetier-Begriffs.

Danach soll der Neologismus *Helvetia* zuerst von Glarean verwendet worden sein. Und der Begriff stehe im Zusammenhang mit der Entwicklung der Eidgenossenschaft um 1500. Diese Zeit sei *die kulturelle Bildung eines Herzogtums ohne Herzog*, es sei *eine frühe „Nationalisierung" eines rein politischen, herrschaftlichen Gebildes*[4].

Maissens Argumentation vertraut vollständig auf der irrelevanten Chronologie. Fällt sie zusammen, werden auch die kunstvollen wissenschaftlichen Beweisstücke gegenstandslos.

Bei der Betrachtung sowohl von Guillimann wie von Alt, ihren Zeitgenossen und Vorgängern, ist hinlänglich klar geworden: Die älteste Historiographie verwendet die Begriffe *Helvetien, Helvetier* und *helvetisch* unterschiedslos für die *Schweiz* und die *Schweizer* oder die *Eidgenossen* und *eidgenössisch*.

---

manisten; Göttingen 2002, 210 – 249. – In beiden Werken finden sich umfangreiche Literaturangaben zum Helvetier-Thema.
[1] Maissen: *Helvetisch Alpenvolck*, op.cit., 75
[2] Maissen: *Helvetisch Alpenvolck*, op.cit., 83
[3] Maissen: *Helvetisch Alpenvolck*, op.cit., 86
[4] Maissen: *Eidgenossen Helvetier*, op.cit., 246 f.

Die *Chronologia Helvetica* von Suicerus (Schwizer oder Schweizer) sagt dies *expressis verbis*, wenn sie zum Jahr 1260 Folgendes vermerkt:

In diesem Jahr war der Beginn der Kriege, welche die Helvetier (jetzt Bundesgenossen, die Eidgenossen) für die Sicherung ihrer Freiheit gegen den Adel geschlagen haben[1].

Auch in Guillimanns *De rebus Helvetiorum* und in allen anderen Geschichtswerken, von Glarean über Stumpf bis hin zu Lauffer und dem Baron d'Alt, wird der angeblich alte Begriff *Helvetier* unterschiedslos zusammen mit den Eidgenossen oder den Schweizern gebraucht.

Es ist richtig, daß die vorgängigen Chroniken wie Rudella und Justinger den Begriff Helvetier nicht verwenden. Doch dies ist als Kunstgriff zu werten, um diesen Zeitbüchern ein älteres, eben „mittelalterliches" Erscheinungsbild zu geben. – Tatsächlich kennen auch jene Werke durchaus die Antike.

Die Erwähnung der Helvetier in den alten Geschichtswerken ist ein untaugliches chronologisches Unterscheidungsmerkmal.

Guillimann und der Baron d'Alt stehen mit ihrer Historiographie in dem Spannungsfeld der Begriffe Schweizer, Eidgenossen und Helvetier. Und auch die europäische Einordnung ist vollkommen.

Guillimann, Aventicum und das fiktive Gründungsdatum Freiburgs 1179

Die Betrachtung Guillimanns zeigt auch, wie wenig spezifisch der Autor zu einzelnen Orten und Ländern des alten Helvetiens wird.

Die Ausnahmen bestätigen die Regel: Neben der Stadt Freiburg erwähnt der Schreiber bauliche Einzelheiten der alten Römerstadt Aventicum.

Diese Ausführungen haben bekanntlich Alexandre Daguet dazu veranlaßt, eine Abhandlung über das alte Aventicum zu verfassen.

Die anfänglichen Geschichtsschreiber, zu denen Guillimann gehört, setzten nichts ohne Grund. Neben der vordergründigen Darstellung ist nach einem hintergründigen Sinn zu fragen.

---

[1] *Chronologia Helvetica*; in: *Thesaurus Historiae Helveticae*; Tiguri 1735, p. 29: *In hunc annum incidit initium bellorum, quae Helvetii (hodie foederati die Eydgenossen) pro libertate tuenda adversus Nobilitatem gesserunt.*

Guillimann als Freiburger war es gestattet, sich ausführlicher über die Bauten seiner Stadt zu berichten. – Und da die Römerstadt Aventicum im näheren Umkreis von Freiburg liegt, so ist auch eine größere Ausführlichkeit über deren Ruinen verständlich.

Doch das Helvetier-Werk von Guillimann will offensichtlich auf gewisse Jahrzahlen hinweisen und sie begründen. Bei Freiburg ist es die Jahrzahl 1249 als Datum der Ausstellung der Handfeste.

Und Guillimann nennt ausdrücklich 1179 als Gründungsdatum von Freiburg. Dieses findet sich überall in der ältesten Schweizer Chronistik[1].

Man darf annehmen, daß Guillimann oder sein Kreis auch das Datum der Stadtgründung kreiert haben.

Unbedingt ist deshalb bei dem Gründungsdatum von Freiburg 1179 zu bleiben.

Die Versuche von Historikern des 20. Jahrhunderts, zuerst von Pierre de Zurich[2], auf Grund diplomatischer Befunde ein Datum 1157 zu setzen, sind zu verwerfen[3].

Nun sind alle Jahrzahlen der älteren Geschichte als falsch und irrelevant anzusehen. – Aber es ist wie mit den pseudohistorischen Inhalten: Die Jahrzahlen wollen eine Sinnbedeutung mitteilen. Also sind sie unter diesem Gesichtspunkt zu analysieren.

Aus diesen Erkenntnissen habe ich eine historische Numerologie entwickelt. Mit dieser lassen sich Jahrzahlen auf einen dahinter stehenden Sinn befragen.

---

[1] Als älteste und umfassendste Chronologie der alten Schwyzer Geschichte hält der Verfasser das Werk von Johannes Stumpf, besonders dessen *Schwytzer Chronica* mit dem angeblichen Druckdatum 1548. – Das Werk steht in einer engen inhaltlichen Beziehung zur bereits genannten *Chronologia Helvetica* von angeblich 1607 oder 1735. – Während jedoch Stumpf das gängige Datum 1179 nennt (Stumpf: *Schwyzer Chronica*, op.cit, 113 r), findet sich in der Helvetischen Chronologie die Jahrzahl 1178 (*Chronologia Helvetica*, op.cit., 25). – Die Differenz ist auf eine falsche Jahrzählung zurückzuführen, welche die Geburt Christi in ein Jahr 0 setzt. – Richtig wäre das Jahr 1 AD.

[2] Zurich, Pierre de: *Les origines de Fribourg et le quartier du Bourg*; Lausanne etc. 1924 (Mémoires et documents, t. XII)

[3] Zur Diskussion des Gründungsdatums von Freiburg im Üchtland vgl. Castella, op.cit, 52 ff. - Zurich, Pierre de, op.cit., 21 ff. - *Fribourg – Freiburg 1157 – 1481*; Fribourg 1957, 7 ff. – *Geschichte des Kantons Freiburg*, Bd. 1, Freiburg 1981, 170 f.

Für die Jahrzahl 1179 sehe ich folgende Ansatzpunkte.

Es scheint zuerst klar zu sein, daß Guillimann mit seinen detaillierten Mitteilungen einen Zusammenhang zwischen dem antiken Aventicum und der Stadt Freiburg herstellen will.

Da in der etablierten Chronologie eine gewaltige Zeitspanne zwischen der Antike und dem Hochmittelalter besteht, ist nach plausiblen Zahlenreihen zu suchen, um 1179 mit einer antiken Jahrzahl – verbunden mit Aventicum – zu verbinden.

Von bestimmten Ankerdaten wurde häufig mit besonderen Zahlenbeträgen vorwärts und rückwärts gerechnet.

Die wichtigsten Beträge basierten auf der Indiktionszahl oder Römerzinszahl oder einfach Römerzahl 15. Mit dieser wurde die Zahl 450 (30 x 15) geschaffen. - Dieser Wert konnte auch halbiert (225) oder gedrittelt (150) werden.

Ebenso wichtig war die auch in der Bibel an mehreren Stellen verwendete Zahl 666 – zweiundzwanzig Mal das Jesus-Alter von 33. – Auch dieser Wert konnte halbiert (333) oder gedrittelt (222) werden.

Bei der Freiburger Gründungszahl wird man fündig, indem man 666 und zwei Drittel davon (666 + 444) zusammenzählt (1110) und von 1179 abzieht. Man kommt dabei auf das Jahr 69 AD[1].

Die wichtigen historischen Ereignisse jenes Jahres sind das Ende der Anarchiezeit nach dem Tode Neros, der Aufstand der Helvetier und die Thronbesteigung von Kaiser Vespasian.

Zwei Ereignisse sind mit Aventicum verbunden.

Stumpf schreibt, daß Vespasians Vater Sabinus geheißen und als römischer Bürger in Aventicum in Helvetien gewohnt habe und von Beruf Kaufmann gewesen sei[2].

Vespasianus wurde als helvetischer Landesvater angesehen.

Auch Guillimann drückt das aus:

Istum sane imperatorem Helvetia semper patronum patremque existimavit[3].

---

[1] In der älteren Chronistik, besonders in der *Chronologia Helvetica* ist dieses Datum um zwei Jahre nach vorn verschoben: 71 AD; *Chronologia Helvetica*, op.cit., 10

[2] Stumpf: *Schwytzer Chronica*, op.cit., 26 r

[3] Guillimann: *De rebus Helvetiorum*, II, c. 2

Der Hinweis auf Vespasian ergibt sich nicht nur durch Rückrech-nung; sie ist auch in den beiden Endziffern von 1179 enthalten: Das plinianische Vesuv-Ereignis wird in der traditionellen Chronologie in ein Jahr 79 AD gesetzt.

Die Anspielung auf den Vesuv zeigt auch, daß sich Freiburg am An-fang als Troja am Fuße jenes heiligen Berges verstand.

Über weitere wichtige Daten der Freiburger Geschichte, etwa „1249" und „1481", wird im Rahmen der Berner und Eidgenossen-Geschichte gesprochen.

Abbildung 4: Die Brunnenfigur der Treue (*Fontaine de la Fidéli-té*) in Freiburg (Fribourg)

Foto: Autor, 29.8.2018

Bemerkungen zu den Abbildungen

Abbildung auf dem Titelbild: Figurengruppe mit zwei Löwen, die das Freiburger Standeswappen halten

Die Plastik dient als Supraporte des Haupteingangs der Staatskanzlei Freiburg (*Chancellerie d'Etat*), an der Kanonikergasse (*Rue des Chanoines*) im Burg-Quartier (*Quartier du Bourg*) gelegen.

Das Gebäude der Staatskanzlei zeigt einen barocken Stil – besonders im Innern. Dafür aber ist das behauptete Erstellungsdatum „1734 – 1737" aus chronologiekritischen Gründen zu früh. Damals hat in der neu gebauten Stadt noch nicht einmal die Gotik geherrscht.

Die Zeit des Freiburger Barocks ist in der Periode des Barons von Alt zu sehen, etwa ab 1780.

Das Gebäude der Staatskanzlei ist frühestens um diese Zeit anzusetzen.

Abbildung 1: François-Nicolas d'Alt von Tieffenthal (de Prévondavaux): Porträt in Öl

Der Baron d'Alt gilt als wichtigste Figur Freiburgs im letzten Viertel des 18. Jahrhunderts. Er steht für das politische und literarische *Ancien régime* der Stadt.

Das Geschichtswerk des Baron d'Alt, die zehnbändige *Histoire des Helvétiens*, soll zwischen 1749 und 1753 herausgekommen sein. Aber stimmen diese Jahrzahlen? – Die Geschichte Freiburgs läßt sich frühestens ab der Mitte des 18. Jahrhunderts in groben Umrissen fassen. Doch bis 1798 sind alle Ereignisse und Entwicklungen unklar, die Inhalte und Jahrzahlen mit Vorsicht aufzunehmen.

Das Licht der Aufklärung (*le phare des lumières*) von dem der Baron d'Alt spricht – damit auch sein geschichtliches Werk – ist in die 1780er Jahre zu setzen.

Abbildung 2: Guillimann: De rebus Helvetiorum, Amiternum 1623

Es wäre eine lohnende Aufgabe, Titel, Druckorte, Erscheinungsjahre, Titelblätter, sowie die Illustrationen und das allgemeine Aussehen der frühen Drucke kritisch zu vergleichen.

Man würde feststellen, daß die Kriterien von alt und älter nur bedingt anzuwenden sind. Die ältesten Druckwerke zeigen sich sehr einheitlich, was auf eine kurze Entstehungszeit hinweist.

Bei Guillimann machen die merkwürdigen Druckorte wie Mailand (!) und Terni (*Amiternum*) in den Abbruzzen (!) stutzig. Ferner fragt man sich, weshalb die Werke um 1600 erschienen sein sollen, aber erst im 18. Jahrhundert bekannt und nachgedruckt wurden. Schon hier ergibt sich eine chronologische Kluft.

Die abgebildete Titelseite ist fast identisch mit der Freiburger Ausgabe von 1598, scheint aber an einem anderen Ort in der Westschweiz gedruckt worden zu sein.

Der Druckort Amiternum hat trotzdem eine Relevanz: Guillimann war auch lateinischer Poet nach dem Vorbild von Sallust. Und jener antike Dichter soll Terni (Amiternum) als Heimatort gehabt haben.

Abbildung 3: Der Fischmarkt in Freiburg

Der heutige Fischmarkt (*Marché aux Poissons*) von Freiburg ist auf die Zeit um 1790/1800 zu datieren. Das Bauwerk stellt ein eindrucksvolles städtebauliches Zeugnis zwischen Barock und Klassizismus dar.

Als Markt dient diese Platz- und Treppenanlage seit langem nicht mehr.

Die Stadt scheint ein besonderes Verhältnis zum Fischverkauf gehabt zu haben. – Die Chronik von Rudella nennt den Markt zweimal, und auch Guillimann erwähnt das *forum piscarium* (F. Guillimann: *De rebus Helvetiorum, III, c. 9*).

Ursprünglich soll der Fischmarkt auf dem heutigen Rathausplatz gelegen haben und nachher zum alten Spital, in der Nähe des heutigen Standorts, versetzt worden sein.

Diesen Angaben sind nicht zu trauen. Es gab ursprünglich wohl kaum einen gesonderten Fischmarkt.

Und nach den Unterlagen soll diese Treppen- und Platzanlage erst in den 1820er Jahre dem behaupteten Zweck gedient haben.

Weshalb die besondere Erwähnung von Fischen in Freiburg in alten Chroniken?

Der Grund ist folgender: Im alten Stadtplan von Freiburg, besonders des Burg-Quartiers, findet sich unter anderem auch die christliche Figur eines Fisches eingezeichnet.

Abbildung 4: Die Brunnenfigur der Treue

Der Treue-Brunnen (*Fontaine de la Fidélité*) befindet sich in der Palmgasse (*Rue de la Palme*) in der Galtern-Vorstadt (*Faubourg du Gottéron*) in der Altstadt von Freiburg (Fribourg).

Sowohl der Brunnentrog wie die Säule sind reich verziert. Die Statue ähnelt sehr den andern, besonders der Figur der Tapferkeit (*Fontaine de la Vaillance*) und der Brunnenfigur der Stärke (*Fontaine de la Force*) in der Freiburger Altstadt.

Wie bei den meisten Freiburger Brunnen wird die Plastik einem Künstler namens Hans Gieng zugeschrieben. Dieser aber hat frühestens zu Beginn des dritten Drittels des 18. Jahrhunderts gewirkt.

Ob Tapferkeit, Treue oder Stärke: Die männlichen Brunnen-Figuren haben die mythologischen Helden Orion, Nimrod, Berchtold (von Zähringen) und Wilhelm Tell als Hintergrund.

Der christliche Bezug ergibt sich dadurch, daß Jesus als Krieger-König aufgefaßt wurde.

Abbildung 5: Der Turm der Kathedrale von Freiburg

Die Kathedrale von Freiburg hat einen besonderen künstlerischen und architektonischen Wert, da sie von barocken und neuzeitlichen Umgestaltungen verschont geblieben ist. Folglich stellt das Monument ein unverfälschtes Beispiel eines gotischen Sakralbaus dar.

Aber die Baugeschichte der Kathedrale ist falsch, genauso wie diejenige der Stadt Freiburg. Nach einer revidierten Chronologie ist der Kirchenbau kurz nach der Mitte des 18. Jahrhunderts anzusetzen. Nach wenigen Jahrzehnten hatte Freiburg das Aussehen gehabt, welches der bekannte Martini-Plan wiedergibt.

Der Bau der Kathedrale wirkt sehr einheitlich, folglich kann man eine Errichtung innerhalb von weniger als einer Generation schätzen.

Werke des Autors

Vorbemerkung:
Sämtliche historisch-philologischen Werke des Autors sind 2019 im Verlag Books on Demand, Norderstedt neu herausgekommen.
Auf der Webseite des Autors (www.dillum.ch) können die gültigen ISBN-Nummern der Titel abgefragt werden.

Historische Denkmäler in der Schweiz
34 helvetische Erinnerungsstätten, kritisch betrachtet.
164 Seiten mit 35 Abbildungen
Norderstedt 2019

Die alten Eidgenossen
Die Entstehung der Schwyzer Eidgenossenschaft im Lichte der Geschichtskritik und die Rolle Berns.
360 Seiten mit 24 Abbildungen und 7 Tabellen
Norderstedt 2019

Die Entstehung der Jahrzahl 1291
Beiträge zur Schweizer Historiographie: Schweizer – Stumpf – Daguet et al.
136 Seiten mit 4 Abbildungen und 9 Tabellen
Norderstedt 2019

Die Matrix der alten Geschichte
Eine Einführung in die Geschichts- und Chronologiekritik.
536 Seiten mit 35 Abbildungen und 18 Tabellen
Norderstedt 2019

Die Ortsnamen der Schweiz
Mit einer Einführung in die vesuvianische Namensgebung Europas.
316 Seiten mit 8 Abbildungen
Norderstedt 2019

Die Ursprünge Berns
Eine historische Heimatkunde Berns und des Bernbiets. Mit besonderer Berücksichtigung der Burgen und mit einem autobiographischen Anhang.
376 Seiten mit 104 Abbildungen und 2 Tabellen
Norderstedt 2019

Johann Rudolf Wyß der Jüngere
Der Abend zu Geristein – Der Ritter von Ägerten
Zwei Dichtungen, neu herausgegeben, eingeleitet und illustriert von Chri-
stoph Pfister
Im Anhang: Die Sage von der Teufelsküche im Grauholz
60 Seiten mit 13 Abbildungen
Norderstedt 2019

**Abbildung 5: Der Turm der Kathedrale von Freiburg (Fribourg).
Ansicht von Westen.**

Foto: Autor, 2.6.2018